Hartmut Lange

Lesekompetenz entwickeln

Band 2: Sachtexte für die Grundschule

ab 2. Schuljahr

Persen

Persen Verlag
Horneburg/Niederelbe

Gedruckt auf umweltbewusst gefertigtem, chlorfrei gebleichtem
und alterungsbeständigem Papier.

2. Auflage 2005
Nach der Neuregelung der deutschen Rechtschreibung

Illustrationen: Beate Hoyer
Satz: MouseDesign Medien AG, Zeven

ISBN 3-8344-**3599**-6

Aus Gründen der Übersichtlichkeit und besseren Lesbarkeit werden vorwiegend die Begriffe „Lehrer“ und „Schüler“ verwendet. Selbstverständlich sind auch die **Lehrerinnen** und **Schülerinnen** angesprochen.

Inhaltsverzeichnis

* Diese Sachtexte sind in der **Originalfassung** ( ) und in einer **gekürzten Fassung** ( ) abgedruckt.
Die Arbeitsblätter zu den jeweiligen Fassungen enthalten die gleichen Symbole. Kann ein Arbeitsblatt für beide Fassungen verwendet werden, ist dies durch folgendes Symbol ( ) gekennzeichnet.

1. Vorwort

„Unsere Kinder lesen zu wenig." Eine Feststellung, die Eltern und Lehrer gleichermaßen mit Sorge erfüllt und die Frage nach den Ursachen und nach den Möglichkeiten, dies zu ändern, aufwirft.
Sicher ist es so, dass das Überangebot von Information und Unterhaltung durch elektronische Medien bei den Heranwachsenden den Eindruck erwecken könnte, Lesen sei unmodern.
Sicher reduzieren einige Zeitschriften für Kinder oft die Texte auf ein Minimum und ersetzen sie durch Bilder, sodass auch hier kaum Anregungen zum Lesen erfolgen.
Eine ganz wichtige Ursache ist aber nach meinem Dafürhalten die zu wenig entwickelte Lesekompetenz. Wenn Lesen zur Mühsal wird, wenn die Erfolgserlebnisse ausbleiben, greift man immer seltener zu einem Text, geschweige denn zu einem Buch.
Und hier müssen wir uns als Deutschlehrer stärker in die Pflicht genommen fühlen, indem wir systematisch und kontinuierlich vom Erstleseunterricht an eine solide Lesekompetenz entwickeln, wozu selbstverständlich auch die Erkenntnis gehört, dass Lesen Spaß machen kann. Erreichen kann man dies sicherlich nicht dadurch, dass man die Zahl der Leistungskontrollen im lauten Vorlesen erhöht. Lesekompetenz umfasst vielmehr die Beherrschung eines komplexen Prozesses mit komplizierten Teilhandlungen, die durch gezielte Übungen entwickelt werden müssen.
Wir wollen mit diesem Buch entsprechende Übungsmöglichkeiten aufzeigen, um Ihnen somit ein Material in die Hand zu geben, mit Hilfe dessen die Arbeit im Leseunterricht ab Klasse 2 unterstützt werden kann.
Die vorangestellten Erläuterungen sollen die Möglichkeiten und Schwierigkeiten der einzelnen Texte verdeutlichen, um so eine Hilfe bei Ihrer eigenen kreativen Übungsgestaltung im Zusammenhang mit diesen Texten zu geben.

Dr. Hartmut Lange

2. Entwicklung der Lesekompetenz

Lesekompetenz ist die Fähigkeit, geschriebene Texte aufzunehmen, zu verarbeiten und sie den Erfordernissen entsprechend zu nutzen. Sie umfasst also die Beherrschung der dazu notwendigen komplexen Verfahren und Operationen.
Die wesentlichen sind:

- Erfassen und Identifizieren der sprachlichen und nichtsprachlichen Merkmale eines Textes
- Verstehen des Textes, d. h. Erfassen der in ihm enthaltenen Informationen, Aussagen und Zusammenhänge
- Verarbeiten des Textes, d. h. Einordnen des Inhaltes in die individuelle Wissensstruktur des Lesers. Dazu gehören unter anderem die Einordnung des Textinhalts in das individuelle Wissenssystem, das Erfassen des Textsinnes (in poetischen Texten der über die direkte Bedeutung hinausgehende Gehalt des Textes), das Werten des Gelesenen und gegebenenfalls die selbstständige Speicherung der Leseergebnisse

Bei einem geübten Leser mit einer hoch entwickelten Lesekompetenz laufen diese Verfahren und Operationen als ein komplexer, in sich geschlossener, einheitlicher Lesevorgang ab.
Aufgabe des Leseunterrichtes ist es, von Anfang an durch gezielte Übungen kontinuierlich die Beherrschung dieses Lesevorgangs herauszubilden und so die Lesekompetenz zielgerichtet zu erhöhen. Dabei ist offensichtlich, dass dies nicht durch die Forcierung der Vorleseübungen und der Leseleistungskontrollen erreicht werden kann. Systematisch aufgebaute Übungskonzepte sind erforderlich, die zunächst auf die Beherrschung der einzelnen Verfahren und Operationen gerichtet sind und erst dann die Beherrschung des Gesamtprozesses Lesevorgang zum Ziel haben.
Aufgabe des Leseunterrichts ab der Klasse 2 ist es, die Lesekompetenz in ihren grundlegenden Zügen zu entwickeln. Es sollten Übungen im Mittelpunkt stehen,

- die zum ganzheitlichen Erfassen immer größerer Sinneinheiten, zum immer besseren Orientieren im Text befähigen,
- die die Fähigkeit zum Erfassen und Wiedergeben wesentlicher Fakten und Zusammenhänge entwickeln,
- die zum Einbeziehen des individuellen Wissens in die Leseergebnisse befähigen.

Übungen zur Entwicklung einer vertiefenden Textverarbeitung, wie tiefgreifende Interaktion zwischen individuellem Wissenssystem und Textinhalt (einschließlich Polemisieren, Negieren, Korrigieren) und selbstständige Speicherung von Leseergebnissen sollten nicht zum Schwerpunkt des Leseunterrichts der Grundschule gemacht werden. Diese bilden den Schwerpunkt des Leseunterrichts der Sekundarstufe.

3. Sachtexte im Leseunterricht

Die Spezifik des Sachtextes besteht darin, dass er einen Ausschnitt aus der Wirklichkeit repräsentiert, der in seiner Existenz unverwechselbar und eindeutig identifizierbar ist. Dieser Ausschnitt wird so dargestellt, dass das Objektive dominiert.
Durch das Aufnehmen von Sachtexten eignet sich der Leser also neues Wissen an bzw. vertieft und erweitert seinen individuellen Kenntnisstand. Das Lesen von Sachtexten trägt weiterhin zur Verhaltenssteuerung und Meinungsbildung bei.
Sachtexte sind somit mit den Fachtexten eng verwandt, den Texten also, mit denen jeder Einzelne ein Leben lang konfrontiert wird. Durch die Entwicklung von Lesekompetenz im Zusammenhang mit Sachtexten wird so eine wichtige Grundlage für den lebenslangen Lernprozess geschaffen.

Im Leseunterricht ab Klasse 2 sollte dabei die Lesekompetenz der Schüler dahin gehend entwickelt werden, dass sie in der Lage sind, Sachtexte im zunehmenden Maße selbstständig und rationell zum Wissenserwerb sowie als Informationsspeicher zu nutzen.

Dabei sollten sowohl die Texte als auch die Übungsformen so gewählt werden, dass eine kontinuierliche Steigerung der Anforderungen erreicht wird.
Bei der Auswahl der Texte ist zu empfehlen, dass anfänglich mit so genannten **Mischtypen** gearbeitet wird. Das sind Sachtexte, die sich auch der Stilmittel der Belletristik, vor allem der Erzählung, bedienen. In diesem Texttyp finden altersspezifische Besonderheiten des jüngeren Schulkindes Berücksichtigung, indem die Übermittlung der Sachinformation „aufgelockerter" erscheint. Die Informationsdichte ist weniger hoch als bei reinen Sachtexten. Die Schüler haben während des Lesens besser Gelegenheit, eine Teilinformation zu verinnerlichen, bevor die nächste erscheint.
Erst wenn eine gewisse Sicherheit beim Lesen derartiger Texte erreicht ist, sollte die Arbeit an **reinen Sachtexten** erfolgen. Diese stellen einen Sachverhalt objektiv und unpersönlich dar. Sie sind durch eine hohe Informationsdichte gekennzeichnet und die Teilinformationen werden weit gehend ohne Verwendung auflockernder Redundanz übermittelt. Bezüglich des Wortschatzes bedienen sie sich exakter Fachbegriffe. (Bei den Sachtexten für diesen Band wurde darauf verzichtet, die Fachbegriffe durch Fußnoten o. Ä. zu erklären. Dadurch können die Schüler dazu angehalten werden, die Begriffe selbstständig nachzuschlagen.)
Die reinen Sachtexte kommen also den Fachtexten sehr nahe und sind erst im Leseunterricht zu verwenden, wenn bereits wichtige Elemente der Lesekompetenz entwickelt sind.
In diesem Band wurde eine Textauswahl aus Mischtypen und reinen Sachtexten zusammengestellt.
Bei der Übungsgestaltung empfiehlt sich eine Vorgehensweise, durch die zum einen die Möglichkeiten der einzelnen Texte zur Entwicklung der Lesekompetenz genutzt werden und zum anderen der Leseprozess von den Schülern zunehmend selbstständig beherrscht wird.

Zu den in Kapitel 2 beschriebenen Bereichen der Lesekompetenz finden sich in diesem Band folgende Übungen:

Ganzheitliches Erfassen immer größerer Sinneinheiten/Orientieren im Text
- Übungen im Nutzen von Textsignalen (Unterstreichungen, Fettdrucke u. Ä.)
- Gliederungsübungen
- Übungen an unstrukturierten Texten
- Lückentextübungen

Erfassen wesentlicher Fakten und Zusammenhänge
- Zuordnungsübungen (auch im Multiple-Choice-Verfahren)
- Aussonderungsübungen
- Ergänzungsübungen
- Textmarkierungsübungen

Einbeziehen des individuellen Wissens in die Leseergebnisse
- Übungen zum Erstellen von Tabellen
- Übungen zum Bilden von Teilüberschriften
- Reduzierungsübungen (Textausschnitte müssen auf die Kernaussage reduziert werden)
- Multiple-Choice-Fragen

Margot Hellmiß

14

Als es noch keine Feuerwehr gab (Sachtext)

In diesem Text werden den Schülern anhand eines Handlungsgeschehens grundsätzliche Informationen über die Anfänge der Brandbekämpfung vermittelt. Die relativ geringe Informationsdichte mit Fakten und Zusammenhängen, die den Schülern weit gehend aus ihrem persönlichen Erfahrungsbereich bekannt sind, trägt zum guten Verstehen auch bei weniger geübten Lesern bei.

Die Struktur der Vorgangsbeschreibung erleichtert das Orientieren im Text.

Der Text enthält die folgenden Fakten und Zusammenhänge, deren Erfassen im Mittelpunkt der Übungsgestaltung steht:

- Feuer wurde durch lautes Rufen eines Wächters gemeldet.
- Bewohner nahmen Holzeimer und bildeten eine Eimerkette vom Brunnen bis zum brennenden Haus.
- Häuser waren meist aus Holz und standen eng beieinander.
- Nachbarhäuser eines brennenden Hauses wurden abgerissen, um das Feuer aufzuhalten.

Folgende Übungen finden sich zu diesem Text:

- Übungen zum Erfassen von Fakten
- Übungen zum Erfassen von Zusammenhängen, auch zwischen Fakten, die im Text räumlich weiter voneinander entfernt stehen
- Übungen zum Einordnen neuer Informationen ins individuelle Kenntnissystem
- Übungen zum gezielten Suchen nach Informationen entsprechend einer Aufgabenstellung

Kerstin Eichmann

16

Die Katze (Sachtext)

Den Schülern werden mit diesem Text die wichtigsten Fakten zum Haustier Katze vermittelt. Es ist davon auszugehen, dass die Schüler über umfassendes Vorwissen verfügen, auf das sie beim Lesen und Verstehen dieses Textes zurückgreifen können. Somit lernen sie hier, das Lesen von Texten zur Erweiterung bereits vorhandener Kenntnisse gezielt zu nutzen.

Für die Schüler weit gehend neue Informationen, die dieser Text vermittelt, sind:

- Die Katze stammt von einer afrikanischen Wildkatze ab.
- Kleine Kätzchen sind am Anfang blind.
- Eine Katze kann sehr gut hören und sehen.
- Eine Katze kann 17 Jahre alt werden.

Folgende Übungen finden sich zu diesem Text:

- Übungen zum Trennen wesentlicher von unwesentlichen Informationen
- Übungen zum Erfassen der Textstruktur
- Übungen zum Orientieren im Text
- Übungen zur Einordnung neuer Informationen ins individuelle Kenntnissystem

Nach Chris und Melanie Rice

Kinder in einer spanischen Ritterburg (Sachtext) 18

Die Leser werden hier mit Fakten und Zusammenhängen bekannt gemacht, die weit gehend außerhalb ihres persönlichen Erfahrungsbereiches liegen. Durch die Verwendung einer handelnden Figur, dem Jungen Sancho, erhalten die Schüler Hilfe beim besseren Erfassen einzelner Sachinformationen. Mit Sancho „erleben" sie gewissermaßen einen Tag auf einer mittelalterlichen spanischen Burg. Er „führt" sie sozusagen von Information zu Information.
Inhaltlich umfasst der Text alles Wesentliche, was das Leben auf einer Burg um 1450 kennzeichnete:

- Lage und Bau der Burgen
- Lern- und Arbeitsaufgaben von Jungen, die auf einer Ritterburg lebten
- Kriegsbekleidung der Ritter
- Bekleidung von Jungen
- Schlafstelle von Jungen

Die Wörter „Tunika" und „Wams" können durch die Einbeziehung der Textillustration bzw. die Verwendung zusätzlichen Bildmaterials erschlossen werden.

Folgende Übungen finden sich zu diesem Text:

- Beachten des Zusammenhangs zwischen Aufgabenstellung und wesentlicher Textinformation
- Erfassen von Zusammenhängen zwischen den Einzelinformationen
- Nutzen von Illustrationen zum besseren Textverstehen

Jürgen Dittmann

Das schlaue Wildschwein (lexikalischer Sachtext) 21

Ähnlich wie „Eine Blindschleiche" (S. 46) bezieht sich dieser Text auf die heimische Fauna.
Für seinen vergleichsweise geringen Umfang enthält er eine Fülle von Informationen.
Der Text ist geeignet, mit den Schülern das konzentrierte und genaue Lesen zu üben. Sie erfahren, dass man sich auch mit kurzen Texten sorgfältig auseinandersetzen muss, wenn man sie verstehen will.
Eine Besonderheit dieses Textes ist der immanent enthaltene Kommentar, durch den der Autorenstandpunkt verdeutlicht wird: Die Leser sollen zu der Erkenntnis gelangen, dass Wildschweine auf gar keinen Fall die angriffslustigen und gefährlichen Tiere sind, für die sie von vielen Menschen gehalten werden. Da dies aber durch indirekte Bemerkungen geschieht, müssen die Schüler durch entsprechende Übungen zu dieser Schlussfolgerung geführt werden.

Bei der Gestaltung der Arbeit an diesem Text wurden Übungen ausgewählt, durch die die Schüler an das Lesen, Verstehen und Verarbeiten von Fachbuchtexten herangeführt werden:

- Übungen zum sorgfältigen und genauen Überblickslesen
- Übungen zur Unterscheidung von wesentlichen und unwesentlichen Informationen in Abhängigkeit von der Aufgabenstellung
- Übungen zum Wiedergeben von Leseergebnissen mit eigenen Worten
- Übungen zum Verallgemeinern und Schlussfolgern entsprechend der Autorenabsicht

Nach Wolfgang Tarnowski

24

Wie wurde ein Ritter erzogen? (lexikalischer Sachtext)

In diesem Text werden die Schüler im Wesentlichen nur über einen Fakt (die Erziehung eines Ritters) informiert, worauf schon durch die Überschrift hingewiesen wird.
Das Orientieren an der Überschrift, um einen Text als wesentlich oder unwesentlich bezüglich einer bestimmten Aufgabenstellung einzuordnen, ist ein grundlegendes Verfahren bei der Literaturrecherche im späteren Fachunterricht bzw. bei Facharbeiten. Die Schüler können hier also eine Vorgehensweise üben, die in den folgenden Klassenstufen ein wesentlicher Bestandteil der fachwissenschaftlichen Arbeit ist.
Die Textstruktur folgt der Chronologie der Erziehung eines Ritters beginnend im Alter von sieben Jahren als Page bis hin zu seinen ersten Erfahrungen als „Jungritter“ (Knappe) in einem Kampf. Diese Struktur ist von den Schülern leicht zu erkennen, da ihnen diese vom Beschreiben von Handlungsabläufen (Vorgangsbeschreibung) her bereits bekannt ist. Sie können hier also ihre Strukturkenntnisse gezielt einsetzen, um sich im Text zu orientieren und nach den Informationen entsprechend der Aufgabenstellung zu suchen, ohne Wort für Wort und Satz für Satz lesen zu müssen.
Es bietet sich an, die Informationen des Textes mit ihrer persönlichen Ausbildung und Erziehung vergleichen zu lassen, um so das Verarbeiten des Gelesenen zu vertiefen.

Folgende Übungen finden sich zu diesem Text:
- Übungen zum Orientieren an der Überschrift
- Übungen zum gezielten Nutzen von Textstrukturkenntnissen
- Übungen zum Erschließen von Wortbedeutungen aus dem Kontext
- Übungen zum Erfassen von Zusammenhängen zwischen den einzelnen Teilinformationen

Nach Philip Ardagh

27

Captain Cook (Sachtext/Biografie)

Die Struktur dieser Biografie von James Cook ist überschaubar und leicht zu erfassen, da die Informationen der Chronologie des Lebenslaufes folgen. So kann der Textaufbau gut als Hilfe zum Auffinden der gesuchten Fakten, aber auch zum Herstellen von Zusammenhängen zwischen den Einzelinformationen genutzt werden.
Die Informationsdichte in Biografien ist sehr hoch, weil gewissermaßen ein ganzes Leben auf möglichst kleinem Raum wiedergegeben wird. Im vorliegenden relativ kurzen Text sind z.B. sechs Jahresangaben mit den dazugehörigen Ereignissen enthalten. Diese große Anzahl an Fakten erfordert von den Schülern ein konzentriertes und intensives Lesen, um das Dargestellte zu verstehen.

Folgende Übungen finden sich zu diesem Text:
- Übungen zum Unterscheiden zwischen Wesentlichem und Unwesentlichem
- Übungen zum zügigen Auffinden von Informationen mit Hilfe der Textstruktur
- Übungen zum Herstellen von Zusammenhängen zwischen den einzelnen Fakten des Textes sowie zwischen Textinformationen und Vorwissen
- Übungen im sprachlichen Reduzieren und schriftlichen Fixieren von Leseergebnissen

Ursula Ullrich
Hiddensee-Sehfahrt
(Mischtyp)

30

Im Mittelpunkt dieses Textes steht die Ostseeinsel Hiddensee, die in den Sommermonaten ein beliebtes Urlaubs- und Ausflugsziel in Deutschland ist. Hier wird sie jedoch in einen ungewöhnlichen und deshalb den meisten Lesern auch weniger bekannten Zusammenhang gesetzt: Hiddensee im Winter. Die Schüler erhalten beim Lesen eine Reihe von Informationen, die im Zusammenhang mit einer Sommerurlaubsregion ungewöhnlich, ihnen aber als Einzelinformationen nicht unbekannt sind. Beim Textverstehen geht es also in erster Linie darum, dass die Schüler die „Ähnlichkeiten" mit ihnen Bekanntem erkennen und ihr Vorwissen zum Erfassen der Textinhalte nutzen.

In diesem Text wird der Autorenstandpunkt sehr deutlich. Dadurch kann den Schülern vermittelt werden, dass auch in sachlichen Texten persönliche Meinungen transportiert werden können. Sind die Schüler in der Lage den Autorenstandpunkt zu erkennen, haben sie eine wesentliche Voraussetzung, den Text auch selbst zu bewerten.

Folgende Übungen finden sich zu diesem Text:

- Übungen zur Entwicklung des Erfassens von zunehmend größeren Sinneinheiten, d. h. Übungen, die wegführen vom Wort-für-Wort-Lesen hin zum stärker überblickenden Lesen
- Übungen zum bewussten Nutzen von Vorkenntnissen für das bessere Textverständnis
- Übungen zum Nutzen von Strukturkenntnissen zum schnelleren Orientieren im Text
- Übungen zur Unterscheidung von Sachinformation und Autorenmeinung

Pierre Pfeffer
Der Grizzlybär
(Sachtext)

34

Dieser Text informiert über Aussehen und Lebensweise des Grizzlybären. Allerdings enthält er in der Originalfassung (📖) neben diesen eigentlichen Hauptinformationen auch eine Beschreibung des Karibus. Diese „Zweisträngigkeit" des Textes stellt hohe Anforderungen an die Leseverstehensleistung . X
Da diese „Nebeninformation" als solche optisch nicht gekennzeichnet ist (etwa durch Absätze oder Klammern), kann diese Textstelle zu Verstehensschwierigkeiten führen: Die Leseerwartung wird in eine andere Richtung gelenkt.

Die Textstruktur ist für einen beschreibenden Sachtext typisch:

- Aussehen des Grizzlybären
- Lebens- und Verhaltensweise des Grizzlybären
- Nahrung des Grizzlybären

Da den Schülern derartige Textstrukturen bekannt sind, können sie diese bewusst zum Orientieren im Text nutzen.

Folgende Übungen finden sich zu diesem Text:

- Übungen zum Erfassen neuer, unbekannter Fakten und Zusammenhänge
- Übungen zur Differenzierung zwischen wesentlichen und unwesentlichen Informationen
- Übungen zum Erkennen der Textstruktur und zum Orientieren im Text mit Hilfe von Strukturkenntnissen

Hartmut Lange. Lesekompetenz entwickeln, Band 2

Christa Holtei

38

Schrecken des Nordens
(Sachtext)

Dieser Text informiert über das Volk der Wikinger. Seine klare und übersichtliche Struktur entspricht dem typischen Aufbau eines Lehrbuchtextes. Strukturkenntnisse und das Wissen über deren Nutzung beim Lesen von Sachtexten wirken sich hier also förderlich auf das Textverstehen aus.

Weiterhin werden hier nicht nur Fakten vermittelt, sondern auch Zusammenhänge dargestellt, die z. T. expressis verbis aus dem Text herausgelesen werden können und sich zum anderen durch die Verbindung zum Vorwissen ergeben.

In sprachlicher Hinsicht enthält der Text vor allem wegen seiner den Schülern unbekannten Eigennamen einige Schwierigkeiten. Sie wirken sich zwar nicht hemmend auf den Verstehensprozess aus, könnten aber den Lesefluss verzögern. Diese „Zungenbrecher“ sollten vor der Erstrezeption des gesamten Textes evtl. gemeinsam durchgesprochen werden.

Folgende Übungen finden sich zu diesem Text:

- Übungen zum Erfassen von Fakten und zum Integrieren dieser in das individuelle Kenntnissystem
- Übungen zum Erkennen von Zusammenhängen innerhalb des Textes
- Übungen zum Erfassen von Zusammenhängen mit Hilfe des individuellen Kenntnissystems
- Übungen zum Erfassen der Textstruktur und zum Orientieren im Text mit Hilfe von Strukturkenntnissen

Wolf Durian

43

Eine Blindschleiche
(Mischtyp)

Drei Schwerpunktbereiche zum Thema Blindschleiche werden in diesem Text behandelt:

- Aussehen einer Blindschleiche
- Nahrung einer Blindschleiche
- Die Blindschleiche ist keine Schlange
  (Diese Information ist allerdings nur indirekt im Text enthalten)

Die Erzählhandlung dient der Auflockerung, um den Schülern die Möglichkeit zum Nachdenken über das Gelesene zu geben, zusätzlich die Freude am Lesen zu entwickeln und Gelegenheit zum „Erholen“ beim Lesen zu verschaffen.

Zum anderen wird durch die verwendeten sprachlichen Mittel ein relativ hoher Grad an Verstehbarkeit erreicht. Vergleiche, Bilder und Parallelen zu Bekanntem sorgen für die Anschaulichkeit des Textes.

Folgende Übungen finden sich zu diesem Text:

- Übungen zum Aufnehmen der Textinformation
- Übungen zum Erfassen wesentlicher Fakten
- Übungen zum Erkennen von Zusammenhängen

Bei den letztgenannten beiden Übungskomplexen können die Schüler auch lernen, optische Signale des Textes, wie Unterstreichungen oder Fettdruck, zur Lösung der Aufgaben zu nutzen. Sie werden so langsam an das gezielt nach Informationen suchende Lesen herangeführt. Diese Leseweise wird beim späteren Umgang mit Fachtexten in erster Linie angewandt und sollte möglichst früh durch entsprechende Übungen entwickelt werden.

Boris W. Subkow

Woher die Säge ihre Zähne bekam (Sachtext) 48

Die Schüler lernen mit diesem argumentativ aufgebauten Text eine Struktur kennen, die ihnen bisher weitgehend unbekannt ist, die aber im weiteren Lernprozess eine wichtige Rolle spielt. Ein großer Teil der Fachbuchtexte, aber auch einige Texte aus dem Sachunterricht sind so aufgebaut. Das Orientieren in solcherart strukturierten Texten wird zunächst etwas schwer fallen, kann aber durch entsprechende Übungen trainiert werden.

Eine wichtige Rolle spielen die Illustrationen. Die Vorstellungen über das Aussehen einiger urzeitlicher Werkzeuge, die im Text nur andeutungsweise beschrieben sind, werden durch die entsprechenden Zeichnungen unterstützt. Mit diesbezüglichen Übungen können die Schüler an die bewusste Nutzung der nichtsprachlichen Mittel zum besseren Verstehen der Textaussage herangeführt werden.

Die Übungsgestaltung konzentriert sich auf folgende Operationen:

- Übungen zum Erfassen der Textstruktur, um sich so besser im Text orientieren zu können
- Übungen zum Erfassen wesentlicher Textinformationen
- Übungen zum Nutzen nichtsprachlicher Zeichen für das bessere Verstehen des Textes
- Übungen zum Reduzieren und schriftlichen Fixieren von Leseergebnissen

Andrew Langley

Leben im Mittelalter (Sachtext) 53

Dieser Text ist ein Auszug aus einem lexikonartigen Werk für Kinder. Eine Fülle von Informationen wird auf sehr engem Raum vermittelt.

Der Text verfügt zwar über eine sehr klare Gliederung (Wohnen und Essen im Mittelalter), die zu erfassen aufgrund der hohen Informationsdichte für Kinder dieser Altersstufe schwierig sein dürfte. Somit fällt insbesondere ungeübten Lesern das Orientieren im Text sicherlich recht schwer.

Mit diesem Text lassen sich wichtige Verfahren im Umgang mit bzw. beim Erlesen von Fachliteratur üben.

Folgende Übungen finden sich zu diesem Text:

- Übungen zum ganzheitlichen Erfassen des Textes (Überblicklesen)
- Übungen zum Erfassen wesentlicher Informationen in Abhängigkeit von der Aufgabenstellung/dem Leseauftrag
- Textgliederungsübungen
- Übungen zum Verstehen unbekannter/unklarer Fachbegriffe

Jurij Brezan

58

Vogelhochzeit (Mischtyp)

Im Mittelpunkt dieses Textes steht ein sorbischer Volksbrauch.

Als Hintergrundinformation sollte den Schülern erklärt werden, dass die Sorben ein in Deutschland lebender (slawischer) Volksstamm sind, der seine kulturellen Traditionen seit Jahrhunderten pflegt, und dass der hier beschriebene Brauch zu diesen Traditionen gehört.

Über diesen Brauch, das Fest der Vogelhochzeit, wird entsprechend dem chronologischen Ablauf informiert. Somit gleicht der Text einer Vorgangsbeschreibung.

Das den Schülern wohl eher unbekannte Fest der Vogelhochzeit weckt Assoziationen zu der ihnen bekannten Tradition des Nikolaustages. Dadurch ist der Text gut geeignet, den Schülern zu vermitteln, dass Analogien helfen, neue Informationen besser verstehen und in das individuelle Kenntnissystem einordnen zu können.

Folgende Übungen finden sich zu diesem Text:

- Übungen zum Erfassen wesentlicher Zusammenhänge zwischen den Einzelinformationen
- Übungen zum Nutzen von Strukturkenntnissen beim Orientieren im Text
- Übungen im übersichtlichen schriftlichen Fixieren von Leseergebnissen (Anlegen von Tabellen und Formulieren in Stichpunkten)

Hartmut Lange

64

Ein Gewitter (Mischtyp)

Den Schülern werden Sachinformationen zum Thema Gewitter vor dem Hintergrund eines ihnen gut bekannten Ereignisses übermittelt.

Die „Rahmenhandlung" erfüllt eine doppelte Funktion: Zunächst weckt sie schnell das Leseinteresse, weil der Wunsch nach dem Vergleich mit selbst Erlebtem ausgelöst wird und so zum Weiterlesen anregt. Zum anderen hat sie Redundanzfunktion (vgl. S. 46 „Eine Blindschleiche"). Die geringere Informationsdichte trägt zum besseren Erfassen und Verstehen der Inhalte bei.

Die Hauptinformation umfasst im Wesentlichen zwei Komplexe:

- Vorgänge beim Entstehen eines Gewitters
- Verhalten bei Gewitter

Während ersterer als in sich geschlossene Informationseinheit präsentiert wird, sind die Informationen zum Verhalten bei Gewitter über den gesamten Text verteilt und z. T. so mit der Rahmenhandlung verknüpft, dass sie durch intensives, gezielt suchendes Lesen gefunden werden müssen.

Folgende Übungen finden sich zu diesem Text:

- Übungen zum Erfassen wesentlicher Fakten, zum Unterscheiden von Information und Redundanz
- Übungen zum Erfassen von Zusammenhängen zwischen Einzelinformationen
- Übungen zum Zusammenfassen von Teilinformationen zu einer Hauptinformation
- Übungen zum übersichtlichen Darstellen von Leseergebnissen
- Übungen zum schlussfolgernden Verallgemeinern

Als es noch keine Feuerwehr gab

„Feurioooo!“, schreit der Wächter vom Wachturm auf der Stadtmauer. „Feuriooo! Es brennt in der Eulengasse Numero 17.“
In Windeseile stürzen die Bewohner aus den umliegenden Häusern. Jeder trägt einen Holzeimer in der Hand. Männer, Frauen und Kinder bilden blitzschnell eine Eimerkette. Sie reicht vom Brunnen bis zu dem brennenden Haus.
Ein starker Mann füllt die Eimer am Brunnen mit Wasser.
Die vollen Eimer werden eilig durchgereicht. Der Letzte schüttet das Wasser ins Feuer.
Auf so mühsame Weise wurden noch vor 200 Jahren die Brände gelöscht.

Viele Häuser in den Städten waren damals aus Holz. Und sie standen eng beieinander. Daher konnte es leicht geschehen, dass die Funken eines brennenden Hauses umliegende Häuser mit in Brand steckten. Um das Feuer aufzuhalten, riss man die Nachbarhäuser oft einfach ab.

Margot Hellmiß

1. Unterstreiche im Text.
Wie brachte man früher das Wasser vom Brunnen zum brennenden Haus?

2. Schreibe Beispiele auf.
Wo kann eine Menschenkette noch nützlich sein?

____

____

____

Als es noch keine Feuerwehr gab

2

1. Welche Antwort stimmt?
Markiere.

❶ Wie wurde früher Feueralarm gegeben?

- (B) Durch eine Sirene.
- (H) Durch lautes Rufen von einem Wächter.
- (G) Durch Blasen eines Feuerhorns.

❷ Wie löschte man damals ein brennendes Haus?

- (E) Mit Sand.
- (R) Indem man es einfach abriss.
- (O) Mit Wasser.

❸ Wer löschte das Feuer?

- (F) Der Wächter.
- (S) Die Feuerwehr.
- (L) Die Bewohner der umliegenden Häuser.

❹ Warum riss man früher die Nachbarhäuser von brennenden Häusern ab?

- (Z) Um das Feuer aufzuhalten.
- (G) Um mehr Platz beim Löschen zu haben.
- (T) Weil sie auch vom Feuer beschädigt waren.

Lösungswort: __ __ __ __

2. Halbe Wörter
Erkennst du diese Wörter?

3. Kannst du diese Bilderrätsel lösen?

1

1, 2

5, 6

Lösungswort: __ __ __ __ __ __

Die Katze

Die Hauskatze stammt von einer afrikanischen Wildkatze ab. In Ägypten wurden Katzen zu Haustieren gemacht. ____________________

Zweimal im Jahr können Katzen 4 bis 6 Junge bekommen. Die ersten Tage nach der Geburt sind die kleinen Kätzchen blind. ____________________

Katzen werden gern gestreichelt und sind sehr anhänglich. Wenn es der Katze gut geht, fängt sie an zu schnurren. Eine Katze kann sehr gut sehen und hören. Leise schleicht sie sich heran, wenn sie eine Maus fangen will. Denn Mäuse frisst sie besonders gern. ____________________

Da ihre Pfoten ganz *weich* sind, geht sie wie auf *Samtpfoten*. Aber Vorsicht! Sie hat auch *scharfe Krallen*, mit denen sie sich wehren kann. ____________________

Eine Katze kann 17 Jahre alt werden. ____________________

Kerstin Eichmann

Ordne richtig zu.
Schreibe die Teilüberschriften neben den richtigen Abschnitt.

Die Katzenjungen

Das Verhalten der Katze

Die besonderen Pfoten der Katze

Die Abstammung der Katze

Das Lebensalter der Katze

Die Katze

1. Streiche durch.
Welche der Aussagen steht nicht im Text?

(G) Die Katze ist sehr eigenwillig.
(B) Die Katze stammt von einer afrikanischen Wildkatze ab.
(U) Die Katze trinkt gerne Milch.
(E) Die Katze schnurrt, wenn es ihr gut geht.
(I) Die Katze kann gut hören und sehen.
(T) Die Katze gehört zu den Raubtieren.
(G) Die Katze kann 17 Jahre alt werden.

Die Buchstaben vor den *durchgestrichenen* Aussagen ergeben ein

Lösungswort: ______________

2. Schreibe auf.
Was erfährst du über Katzenpfoten?

Die *schräg* gedruckten Wörter im Text helfen dir!

____

____

____

3. Vervollständige die folgenden Sätze.

Katzen bekommen zweimal im Jahr ______________________.

Die Katze hat ______________________, mit denen sie sich wehrt.

Katzen wurden ______________________ zu Haustieren gemacht.

Kinder in einer spanischen Ritterburg

Sancho lebt in einer spanischen Ritterburg bei seinem Onkel Pedro. Diese Burg liegt auf einem Berg und ist von dicken Mauern umgeben.
Um 1450 lernt Sancho das Kriegshandwerk. Er kann schon ein Pferd satteln, ein Schwert führen und einen Speer werfen. Er hofft, dass er eines Tages auch „Caballero“ oder Ritter wird und in den Kampf ziehen kann wie Onkel Pedro.
Oft hilft Sancho ihm beim Satteln des Pferdes und beim Anlegen der Rüstung. Er weiß, wie alle Teile zusammengehören. Voll bewaffnet ist Don Pedro dann ganz von Eisen umgeben, von den Stahlschuhen an den Füßen bis zum Helm auf dem Kopf.
Sancho hat noch keine Rüstung.
Er trägt eine Tunika, lange Lederstiefel, einen Wams und einen Filzhut.
Wenn auf der Burg die Mahlzeiten eingenommen werden, muss Sancho das Fleisch zerteilen, Don Pedros Teller und Weinbecher füllen und auf seine Manieren achten.
Während die Ritter essen, werden sie von fahrenden Spielleuten unterhalten. Weil die Musik auf der Burg ein wichtiger Teil der Unterhaltung ist, lernt Sancho auch das Spielen der Laute. Die Laute ist ein Instrument, das unserer Gitarre sehr ähnlich sieht.
Nachts schläft Sancho mit den anderen Jungen auf einem Strohsack in einer großen Halle.

nach Chris und Melanie Rice

Kinder in einer spanischen Ritterburg

1. Welche Antwort stimmt?
Markiere.

❶ Wo lebte Sancho?
- (O) Auf einer Burg.
- (B) In einem Schloss.
- (D) In einer Hütte.

❷ Warum hat Sancho noch keine Rüstung?
- (D) Es gibt keine Rüstung in seiner Größe.
- (F) Eine Rüstung wäre für ihn zu schwer.
- (N) Er ist noch kein „Caballero“ oder Ritter.

❸ Von welcher Zeit erzählt der Text?
- (T) Zukunft.
- (W) Gegenwart.
- (K) Vergangenheit.

❹ Was ist eine Tunika?
- (S) Ein Schal.
- (E) Ein langes Hemd.
- (U) Eine Strumpfhose.

❺ Was ist ein Wams?
- (L) Eine Jacke.
- (F) Ein Unterhemd.
- (N) Eine Reithose.

Lösungswort: __ __ __ __ __

2. Wie waren die Burgbewohner damals gekleidet?

Ritter (Don Pedro)

____

____

____

Knabe (Sancho)

____

____

____

____

Kinder in einer spanischen Ritterburg

1. Verbinde richtig.

❶ Ein Pferd satteln.
❷ Beim Satteln des Pferdes.
❸ Fleisch zerteilen.
❹ Don Pedros Teller und Becher füllen.
❺ Ein Schwert führen.
❻ Beim Anlegen der Rüstung.
❼ Auf seine Manieren achten.
❽ Einen Speer werfen.

Was muss Sancho bei den Mahlzeiten tun?

Wobei hilft Sancho oft?

Was hat Sancho schon gelernt?

2. Halbe Wörter
Erkennst du diese Wörter?

RITTERBURG

WAMS TUNIKA

3. Rätselgitter

6 Wörter aus der Geschichte sind hier versteckt.

Kreise sie ein.

C	A	B	A	L	L	E	R	O	I	E	U
D	B	A	R	B	O	V	H	C	P	M	T
O	E	U	S	U	R	N	U	A	W	A	E
F	I	L	Z	H	U	T	K	L	X	N	M
O	S	E	H	U	M	A	T	D	G	I	S
F	E	I	O	S	X	T	F	I	L	E	G
U	N	S	Z	T	M	W	E	D	V	R	L
R	O	N	I	E	D	L	A	U	T	E	Z
L	A	P	A	U	A	N	P	S	G	N	B
B	U	R	G	C	U	A	L	L	P	W	E

Das schlaue Wildschwein

Von den Wildschweinen stammen die Hausschweine ab, die wir heute für Schnitzel, Gyros und Wurst züchten. Wildschweine leben im Wald. Es sind sehr scheue Nachttiere, die dichtes Gebüsch und sumpfige Stellen lieben. Männliche Wildschweine heißen Keiler, weibliche Bachen und die Jungen Frischlinge.

Sie sind Allesfresser. Mit ihrer Schnauze suchen sie im Waldboden nach Futter; sie finden dort zum Beispiel Larven von Insekten. Bei der Futtersuche pflügen und lockern sie den Boden. So wird er für Baumsamen vorbereitet. Außerdem fressen sie Eicheln, Bucheckern, Wurzeln und kleine Tiere. Allerdings suchen sie ihre Nahrung regelmäßig auch auf Feldern und manchmal sogar in Vorgärten. Sie richten dort großen Schaden an.

Ihre Stimme klingt witzig, sie grunzen, schnüffeln, quieken und schnaufen. Wildschweine können sehr schlau sein: Den Menschen können sie auf mindestens 500 Meter riechen. Mehr noch – sie können einen harmlosen Spaziergänger von einem Jäger unterscheiden.

Jürgen Dittmann

Das schlaue Wildschwein

1. Streiche durch.
Worum geht es nicht in dem Text?

❶ Lebensraum der Wildschweine
❷ Aussehen der Wildschweine
❸ Nahrung der Wildschweine
❹ Vermehrung der Wildschweine

2. Schreibe auf.
Was fressen Wildschweine?

Pflanzliche Nahrung

____
____
____
____

Tierische Nahrung

____
____
____
____

3. Unterstreiche im Text.
Wie heißen die Mitglieder der Wildschweinfamilie?

Vervollständige nun die Sätze.

Keiler sind ______________________________.

Bachen sind ______________________________.

Die jungen Wildschweine heißen ______________________________.

4. Unterstreiche im Text (mit einer anderen Farbe).
Warum mögen viele Menschen Wildschweine nicht?

Vervollständige nun den Satz.

Wildschweine sind nicht sehr beliebt,

weil ______________________________.

Das schlaue Wildschwein

1. Kreuze die richtige Antwort an.

Angst muss man vor Wildschweinen nicht haben, denn

❶ sie sind kleiner und schwächer als Menschen.
❷ sie sind scheue Tiere.
❸ sie sind eher witzig.
❹ sie betrachten Menschen als ihre Artgenossen.

2. Schreibe auf.
Warum sind Wildschweine schlau?

____

____

____

____

3. Rätselgitter
Diese Wörter haben sich hier versteckt:

Keiler
Frischling
Bache
Larven
Eicheln
Wurzeln

C	H	A	D	J	J	C	O	K	I	P
K	E	I	L	E	R	P	R	E	V	F
E	D	E	K	C	B	K	W	I	B	R
I	O	C	H	F	Z	C	G	L	D	I
C	U	I	W	A	D	H	D	C	X	S
H	F	N	U	C	L	I	M	E	L	C
E	B	T	R	D	B	A	C	H	E	H
L	C	H	Z	E	R	Z	A	D	V	L
N	T	B	E	N	M	G	W	R	S	I
B	F	S	L	A	R	V	E	N	G	N
L	I	N	N	F	C	H	E	R	Z	G

Kreise sie ein.

Wie wurde ein Ritter erzogen?

Die Erziehung eines Ritters begann früh, war hart und dauerte lange. Schon im Alter von sieben Jahren wurde aus dem Kind der **Page**.
Der Knabe ging jetzt aus der Obhut der Frauen in die Schule der Männer über. Hier hatte er zunächst das Ritter-Abc zu erlernen: Reiten, Schwimmen, Bogenschießen, Faustkampf und Vogelfallen aufstellen.
Das Einüben dieser Fertigkeiten fand unter den Augen des Vaters, der Brüder oder eines Erziehers statt.

Im Alter von vierzehn Jahren musste der Page das Elternhaus verlassen, um nun als **Knappe** seine Ausbildung bei einem anderen Ritter fortzusetzen. Besonders beliebt waren dafür die Fürstenhöfe. Hier war nicht nur das Kampftraining besonders vielseitig, hier konnte der junge Mann auch leichter Aufmerksamkeit erregen und schneller Karriere machen.

Ziel der Knappenausbildung war es, den vollkommenen Ritter heranzubilden. Dabei lag das Hauptgewicht natürlich auf den verschiedenen Kampftechniken. Aber von dem Jüngling wurde auch erwartet, dass er seine Manieren verfeinert. Ein gut erzogener Knappe musste „tanzen und hofieren können". Auch musste er das Brettspiel beherrschen.
Besonders schwierig schien für manchen das gute Benehmen bei Tisch zu sein. Ein Erziehungsbuch von damals ermahnte die Knappen eindringlich, doch bitte mit dem eigenen Löffel zu essen, nicht zu rülpsen und angebissenes Brot oder abgenagte Knochen nicht in Schüsseln zurückzulegen.

Oft endete das Leben eines Knappen tragisch. Er war zwar noch kein richtiger Krieger, aber er musste seinen Herrn im Kampf begleiten. Dabei kam es nicht selten vor, dass er getötet wurde.

nach Wolfgang Tarnowski

1. Lies nur die Überschrift und streiche dann durch.

Worum wird es in dem Text nicht gehen?

❶ Schulbildung eines Ritters
❷ Kinderspiele im Mittelalter
❸ Erlernen der Tischsitten eines Ritters
❹ Waffenschmieden im Mittelalter
❺ Kleidung eines Ritters
❻ Kampfausbildung eines Ritters

2. Lies nun den ganzen Text. Überprüfe, ob du recht hattest.

Hartmut Lange. Lesekompetenz entwickeln, Band 2

Wie wurde ein Ritter erzogen?

1. Trage ein.
Ein Kind wurde erst Page und dann Knappe.

	Page	**Knappe**
Mit welchem Alter?		
Was musste er lernen?		

2. Vervollständige die folgenden Sätze.
Wenn du nicht weiter weißt, schaue im Text nach.

❶ Im Alter von sieben Jahren ging der Knabe aus der Obhut der Frauen,

um ____ .

❷ Der Page musste das Elternhaus verlassen,

um ____ .

❸ Besonders beliebt waren Fürstenhöfe,

weil ____ .

❹ Das Leben von Knappen endete oft tragisch,

weil ________________________________ .

Hartmut Lange. Lesekompetenz entwickeln, Band 2

Wie wurde ein Ritter erzogen?

1. Ordne die Aussagen den richtigen Teilüberschriften zu.

❶ Ein Ritter durfte nicht rülpsen.

❷ Als Knappe lernte er bei einem anderen Ritter.

❸ Mit sieben Jahren wurde das Kind ein Page.

❹ Oft starb ein Knappe tragisch.

❺ Das Hauptgewicht lag auf den Kampftechniken.

❻ Er lernte zunächst das Ritter-Abc.

Der Knappe im Krieg

Das Leben als Page

Die Knappenausbildung

Die Verfeinerung der Manieren

2. Rätselgitter

Hier hat sich das Ritter-Abc versteckt.

Kreise die Wörter ein.

B	O	G	E	N	S	C	H	I	E	ß	E	N
V	O	G	E	L	F	A	L	L	E	U	N	P
B	M	C	O	A	B	U	S	S	N	B	N	F
R	E	I	D	E	R	S	I	C	F	Z	V	I
E	S	C	H	D	N	K	M	H	R	L	O	D
I	T	G	L	T	R	O	M	W	S	F	K	G
T	L	L	U	U	E	W	I	I	A	D	ß	J
E	R	N	O	S	I	L	C	M	M	M	P	L
N	F	A	U	S	T	K	A	M	P	F	G	W
B	K	C	ß	D	X	B	W	E	S	C	H	J
S	X	M	M	I	R	J	Z	N	I	P	E	K

3. Schreibe auf.
Knappen mussten das gute Benehmen bei Tisch lernen.
Welche Tischregeln von heute kennst du?

Man spricht nicht mit vollem Mund, ____________________

____

Captain Cook

James Cook war Offizier der britischen Marine. Im Gegensatz zu den meisten seiner Kameraden stammte er nicht aus der Oberschicht. Er war der Sohn eines Landarbeiters.
Obwohl Cook ein eigenes Schiff, die „Endeavor“, befehligte, hatte er nur den Rang eines Leutnants.

1769 segelte er in geheimer Mission zu wissenschaftlichen Erkundungen nach Tahiti und Neuseeland, wobei es bei der Weltreise einigen Ärger mit Maori-Kriegern in ihren Kanus gab.

Im Jahre 1770 betrat er als erster Europäer australischen Boden.
Die Stelle, wo er an Land ging, bot eine erstaunliche Vielfalt an Pflanzen. Deshalb nannte er sie „Botanik-Bucht“.

Cook leitete zwei weitere Forschungsreisen, die erste begann 1772, die zweite 1776.
1774 erreichte er eine Inselgruppe.
Er nannte sie wegen des Zeitpunktes ihrer Entdeckung „Osterinseln“.
Er fand dort riesige Steinköpfe, die über 12 Meter hoch waren.

1778 segelte er nach Hawaii.
Am Anfang wurden Cook und seine Männer von den Inselbewohnern wie Götter behandelt. Später kehrten sich die Dinge ins Gegenteil. Als sein Schiff auf der Heimreise durch einen Sturm beschädigt wurde, musste er nach Hawaii zurückkehren. Während der Reparaturarbeiten am Schiff, kam es zu einem Streit mit den Einheimischen. Dabei wurde Cook erstochen.

nach Philip Ardagh

Captain Cook

1. Kreuze an.
Wer war James Cook?

❶ Ein berühmter Kinderbuchautor.

❷ Der Gründer des ersten Reisebüros.

❸ Ein Forscher und Entdecker des 18. Jahrhunderts.

❹ Der Leibkoch der englischen Königin.

2. Ordne den Erkundungen Cooks die Jahreszahlen zu.

❶ Entdeckung der Osterinseln

❷ Erkundungen in Tahiti und Neuseeland

❸ Reise nach Hawaii

❹ Landung in der „Botanik-Bucht“

1769

1770

1774

1778

3. Unterstreiche im Text.
Von welchen Gefahren auf Cooks Reisen wird berichtet?

4. Fülle nun die Tabelle aus.
Benutze Stichpunkte.

Die Gefahren auf Cooks Reisen

Jahr	Ort	Ereignis

Captain Cook

1. Vervollständige die folgenden Sätze.

❶ Cook hatte nur den Rang eines Leutnants,

obwohl ____ .

❷ Eine bestimmte Gegend nannte er „Botanik-Bucht“,

weil ____ .

❸ Die Osterinseln heißen so,

weil ____ .

❹ Cook wurde erstochen,

als ____ .

2. Punktschrift. Erkennst du diese Wörter?

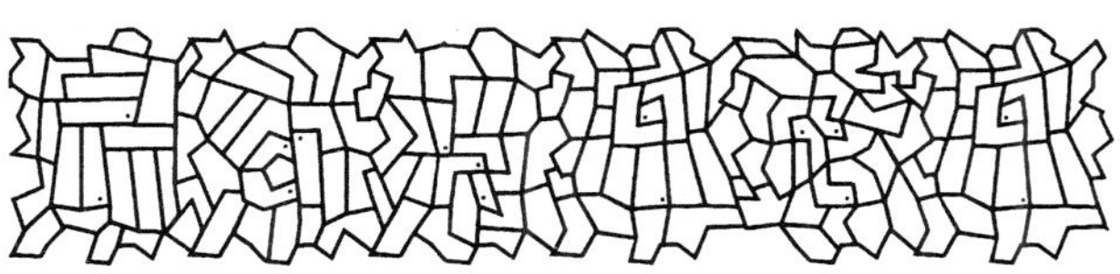

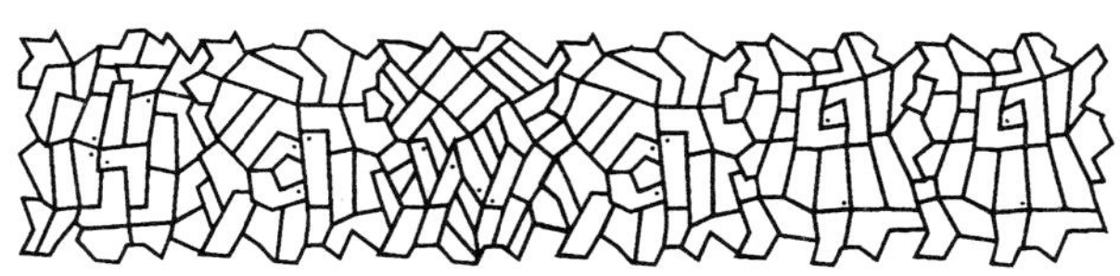

3. Rätsel

❶ James Cook war ... der britischen Marine.

❷ Sein Vater war von Beruf ...

❸ Cooks Schiff hieß ...

❹ 1769 segelte er nach Neuseeland und ...

❺ Auf den Osterinseln fand er riesige ...

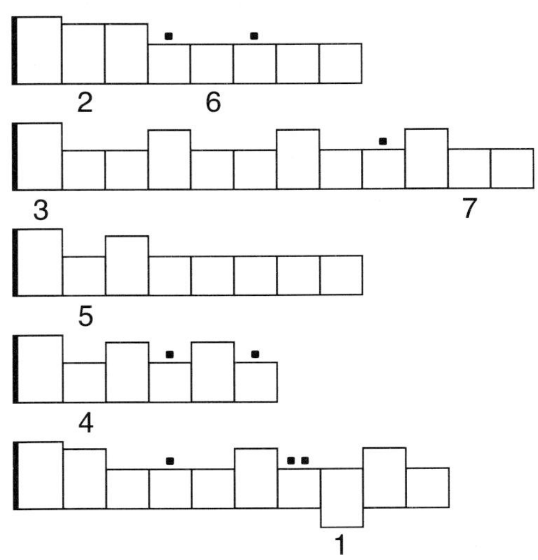

Lösungswort:

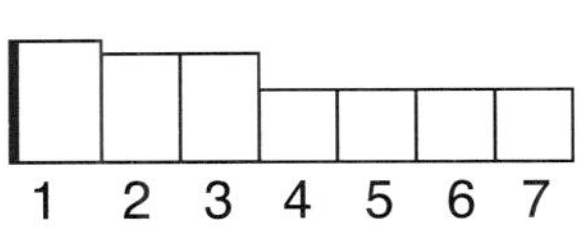

Hiddensee-Sehfahrt

[1] Wer Hiddensee ganz kennen will, muss es wenigstens einmal im Winter sehen. Glaubt mir, schon die Anreise ist ein Abenteuer. Keiner weiß genau, wie man auf die Insel kommt. Am sichersten ist noch die Fahrt mit dem Schiff ab Schaprode – falls es dem Eisbrecher gelingt, einen Weg ins Eis zu schneiden. In sehr langen, sehr kalten Wintern hilft das nicht viel. Da braucht man Pferde wie in alter Zeit und fährt mit dem Schlitten über den Bodden nach Hiddensee. Freilich muss man dem Kutscher vertrauen und den Tieren auch ... Natürlich kann man über den Bodden auch laufen, wenn das Eis dick genug ist. Doch ohne einen erfahrenen Führer machen sich nur Leichtsinnige auf den Weg.

[2] In schneereichen Wintern ist das Hochland mit seinen sanften Hängen ein so herrliches Ski- und Rodelparadies, dass manch Reisebüro werben könnte: Fahrt zum Wintersport nach Hiddensee! Leute, die bloß ans Baden denken, wenn sie Ostsee hören, würden das nicht glauben wollen. Nein, es geht nicht. Die Einheimischen müssen sich nach dem langen lauten Sommer für ein paar Monate von den Fremden erholen.

[3] Ich habe mein warmes Zimmer in Vitte und weiß, wie reizvoll der Winter auf Hiddensee ist. Schön wie Schneewittchen im Glassarg, so liegt die weiße Insel in der See. Von den Hügeln hinter Kloster kann man sie am besten überschauen. Leer sind die Bänke, die Straßen, die Strände.
Und stiege nicht überall Rauch aus den Schornsteinen auf, würde man zumindest im Hochland glauben, die Insel sei unbewohnt.

[4] Auch die Tiere, die man nicht sieht, setzen Zeichen. Wie Stempel sind ihre Spuren ins Weiß geprägt: die Hoppelfährte der Hasen, die Trittsiegel des Rehs und die Spur des Fuchses, gleichmäßig, wie auf eine Schnur gezogene Perlen. Sogar die Pfötchenabdrücke der Mäuse lassen sich im Schnee erkennen und die Krallenzeichen der Vögel, geheimnisvoll wie eine fremde Schrift.

Sind die unteren Äste der Bäume und die Sträucher weiß wie abgenagte Knochen, haben Rehe und Kaninchen eine schwere Zeit.

[5] Die wilden Schwäne macht der Hunger handzahm. Sie kommen bis ins Dorf und betteln die Menschen um Futter an. Manchmal pochen sie sogar mit ihren Schnäbeln bittend ans Fenster. Je länger der Winter und je härter er ist, desto müder werden die Schwäne. Haben kaum mehr die Kraft, das geweichte Brot zu verschlingen, das ihnen die mitleidigen Frauen Hiddensees vor den Schnabel stellen. Viele dieser stolzen Vögel bringt der Hunger um.

[6] In manchen Wintern gibt es auf der Insel so viel Schnee, dass er Fenster und Türen zuweht. Und an der Küste türmt sich meterhoch das Eis. Da denkt, wer am Strand entlanggeht, er wäre am Nord- oder Südpol und sucht den schneeweißen Sand ab, ob da nicht etwa ein Eisbär kommt oder ein Pinguin.

[7] An schönen Wintertagen gehen die Hiddenseer zum Bodden und schneiden das abgedorrte Schilf. Das binden sie zu kleinen Garben und ganze Bündel solcher Garben stellen sie sich als Baumaterial hinters Haus. Damit werden sie ihre Dächer reparieren, wenn die Kraniche wieder nordwärts ziehen.

nach Ursula Ullrich

1. Kreuze die richtige Antwort an.
Was ist Hiddensee?

Du kannst auch im Atlas schauen, ob deine Antwort richtig ist.

❶ Ein Wintersportgebiet in Bayern.

❷ Eine Insel in der Ostsee.

❸ Ein Naturschutzpark an der Nordsee.

2. Welche Tiernamen verstecken sich hier?
Markiere.

Wiestempelsindihrespureninsweißgeprägtdiehoppelfährtedeshasendie
trittsiegeldesrehsunddiespurdesfuchsesgleichmäßigwieaufeineschnur
gezogeneperlensogardiepfötchenabdrückedermäuselassensichimschnee
erkennenund diekrallenzeichendervögelgeheimnisvollwieeinefremdeschrift

Hiddensee-Sehfahrt

1. Der Text ist in Abschnitte eingeteilt.
Finde für jeden Abschnitt eine passende Überschrift.

❶ Die Anreise nach Hiddensee im Winter

❷ ______________________________

❸ ______________________________

❹ ______________________________

❺ ______________________________

❻ ______________________________

❼ ______________________________

2. In welchem Abschnitt findest du diese Information?
Trage die richtige Nummer ein.

○ Viele Schwäne verhungern in den langen Wintern.

○ Im Winter sind die Bänke, Straßen und Strände leer.

○ Am sichersten kommt man mit dem Schiff auf die Insel Hiddensee.

○ An schönen Wintertagen schneiden die Hiddenseer abgedorrtes Schilf.

○ Das Hochland ist ein herrliches Ski- und Rodelparadies.

3. Unterstreiche zwei Stellen im Text.
Wie findet die Erzählerin Hiddensee im Winter?

Vervollständige nun den Satz.

Die Erzählerin findet die Insel Hiddensee im Winter ______________ ,

denn ______________________________

______________________________ .

1. **Halbe Wörter**
   Erkennst du diese Wörter?

2. **Gestalte selbst 2 halbe Wörter.**
   Gib sie einem Partner zum Enträtseln.
   Kannst du auch seine halben Wörter erkennen?

3. **Spuren lesen**
   Zu wem gehört welche Spur?
   Verbinde oder male die Spuren
   bis zu dem richtigen Tier weiter.

Lösung: 1d, 2a, 3c, 4e, 5b

Der Grizzlybär

[1] Der Grizzlybär ist ein großer Braunbär, der in Nordamerika lebt. Wenn er auf seinen Hinterpfoten steht, misst er an die drei Meter – das ist mehr, als ein Zimmer hoch ist!

[2] Ein Grizzlybär durchstreift große Waldflächen, in denen er sich gut auskennt: er kratzt nämlich immer wieder Rinde von den Bäumen, um seine Wege zu markieren. So findet er wieder an die gleichen, von ihm bevorzugten Stellen zurück. Grizzlybären sind sehr neugierig – einsam zeltende Camper können schon einmal Besuch von ihm bekommen! Sie greifen aber Menschen normalerweise nicht an.

[3] Ein Grizzlybär frisst vor allem Beeren und Kleintiere, greift aber manchmal auch Karibus an. Karibus sind in Nordamerika lebende Hirsche, eine Unterart unseres nordeuropäischen Rentieres. Solch ein großes Beutetier tötet der Bär mit einem einzigen mächtigen Prankenhieb.

[4] Grizzlybären sind geschickte Fischer. Wenn im Frühjahr die Lachse zum Laichen die Flüsse hinaufwandern, lauern ihnen die Grizzlys am Ufer und im flachen Wasser auf. Sie fangen die Fische mit ihren Tatzen und tragen sie in ihrem Maul an Land, wo sie sie verspeisen – nur Kopf, Rückengräte und Schwanz lassen sie übrig!

Pierre Pfeffer

Finde Überschriften für die Abschnitte des Textes.

Der Grizzlybär

2

1. Welche Antwort stimmt? Markiere.

❶ Wo leben Grizzlybären?

- (G) In Russland.
- (T) In Nordamerika.
- (K) In Südamerika.

❷ Was fressen Grizzlybären?

- (A) Beeren, Kleintiere und Karibus.
- (U) Beeren, Karibus, Menschen.
- (O) Gras, Blätter und Beeren.

❸ Wie markieren Grizzlybären ihre Wege?

- (R) Mit seinem Urin.
- (T) Er kratzt Rinde von den Bäumen.
- (B) Er buddelt auf seinem Weg kleine Löcher.

❹ Was fangen Grizzlybären im Fluss?

- (H) Forellen.
- (E) Karpfen.
- (Z) Lachse.

❺ Wie fangen Grizzlybären ihre Beute?

- (H) Mit dem Maul.
- (K) Mit einer Angel.
- (E) Mit den Tatzen.

❻ Was sind Karibus?

- (N) Hirsche.
- (U) Rehe.
- (B) Steinböcke.

Lösungswort: __ __ __ __ __ __

2. Ordne die folgenden Aussagen den Abschnitten zu.

❶ Sie lassen nur Kopf, Rückengräte und Schwanz übrig. **Abschnitt [ ]**

❷ Ein Grizzlybär kratzt Rinde von den Bäumen, um seine Wege zu markieren. **Abschnitt [ ]**

❸ Wenn ein Grizzlybär auf seinen Hinterpfoten steht, ist er etwa drei Meter groß. **Abschnitt [ ]**

3. Punktschrift. Erkennst du diese Wörter?

Der Grizzlybär

[1] Der Grizzlybär ist ein großer Braunbär, der in Nordamerika lebt. Wenn er auf seinen Hinterpfoten steht, misst er an die drei Meter – das ist mehr, als ein Zimmer hoch ist!

[2] Ein Grizzlybär durchstreift große Waldflächen, in denen er sich gut auskennt: Er kratzt nämlich immer wieder Rinde von den Bäumen, um seine Wege zu markieren. So findet er wieder an die gleichen, von ihm bevorzugten Stellen zurück. Grizzlybären sind sehr neugierig – einsam zeltende Camper können schon einmal Besuch von ihnen bekommen! Sie greifen aber Menschen normalerweise nicht an.

[3] Grizzlys sind geschickte Fischer. Wenn im Frühjahr die Lachse die Flüsse hinaufwandern, warten die Grizzlys am Ufer und im flachen Wasser auf sie. Sie fangen die Fische mit ihren Tatzen und tragen sie in ihrem Maul an Land. Dort verspeisen sie sie. Nur Kopf, Rückengräte und Schwanz lassen sie übrig.

Pierre Pfeffer

Finde Überschriften für die Abschnitte des Textes.

Der Grizzlybär

1. Welche Antwort stimmt? Markiere.

❶ Wo leben Grizzlybären?

- (G) In Russland.
- (T) In Nordamerika.
- (K) In Südamerika.

❷ Wie markieren Grizzlybären ihre Wege?

- (R) Mit seinem Urin.
- (O) Er kratzt Rinde von den Bäumen.
- (B) Er buddelt auf seinem Weg kleine Löcher.

❸ Was fangen Grizzlybären im Fluss?

- (H) Forellen.
- (E) Karpfen.
- (L) Lachse.

❹ Wie fangen Grizzlybären ihre Beute?

- (H) Mit dem Maul.
- (K) Mit einer Angel.
- (L) Mit den Tatzen.

Lösungswort: __ __ __ __

2. Ordne die folgenden Aussagen den Abschnitten zu.

❶ Sie lassen nur Kopf, Rückengräte und Schwanz übrig. **Abschnitt [ ]**

❷ Wenn ein Grizzlybär auf seinen Hinterpfoten steht, ist er etwa drei Meter groß. **Abschnitt [ ]**

3. Punktschrift. Erkennst du diese Wörter?

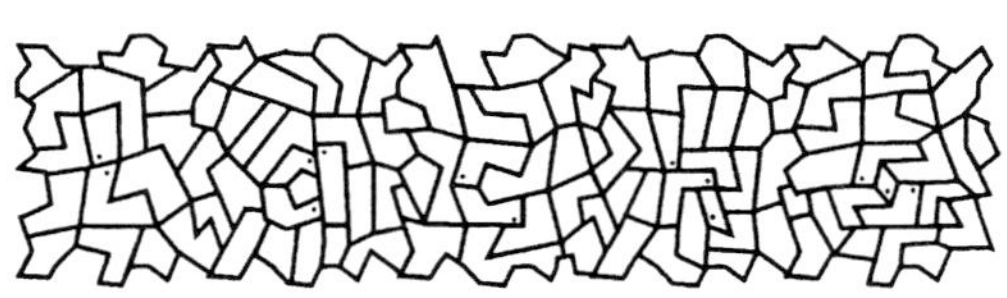

Schrecken des Nordens

[1] Die Wikinger waren im frühen Mittelalter die gefürchtetsten Piraten der Nordsee. Sie waren riesig, so steht es in der Lebensgeschichte Ansgars*. Sie waren rotblond und bärtig und hörten auf seltsame Namen wie Sven, Olaf oder Björn, Knut, Thorkel, Rorik und sogar Cnupa.

[2] Zu Hause waren sie Bauern und Fischer, bis sie eines Tages mit ihren Drachenschiffen aus den Fjorden Skandinaviens über die hohe See fuhren, um an den Küsten der Nord- und Ostsee zu rauben und plündern. So kamen sie zum Beispiel ab 843 alljährlich nach England.

[3] Sie suchten Gold und Silber, das ihnen mehr Ansehen verschaffte und sie in der Gunst ihrer Götter steigen ließ. Seit sie 793 das englische Kloster Lindisfarne überfallen hatten, wussten sie, dass in den Klöstern entlang der Nordseeküste genau das war, was sie suchten.

[4] Das Beängstigende an ihnen war ihre Schnelligkeit: Sie kamen an und während die friedliebenden Mönche erschreckt zusahen, hatten sie schon die Klostertür mit den Äxten eingeschlagen, die Schätze geraubt und alles durchwühlt. Sie hinterließen nie Zeugen. Gebäude wurden vernichtet, Landstriche verwüstet und Menschen getötet. Sie waren Raubwikinger und Beutefahrer und wurden sehr schnell als „Schrecken des Nordens" bekannt.

Christa Holtei

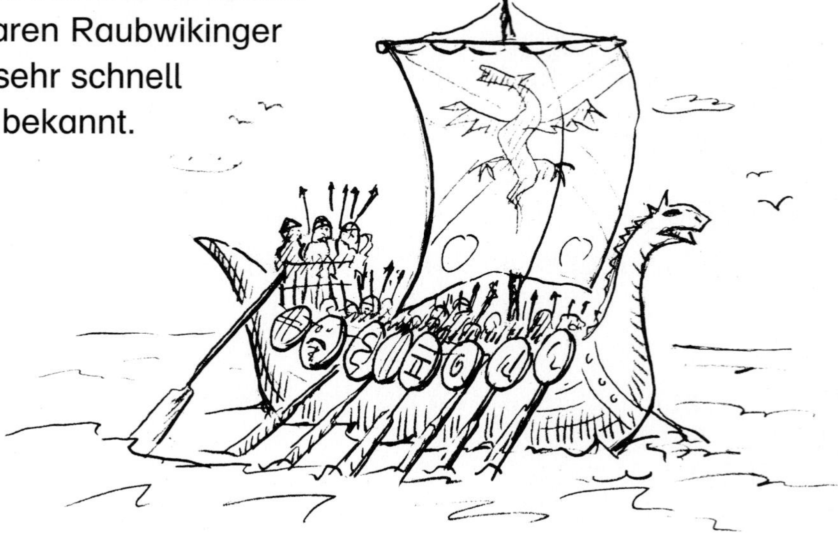

Finde Überschriften für die Abschnitte des Textes.

* Mönch, der von 810 bis 865 lebte.

Schrecken des Nordens

1. Welche Aussage stimmt nicht?
Streiche sie durch.

❶ Wikinger plünderten und raubten Gold.

❷ Wikinger machten mit ihren Drachenbooten die Nordsee unsicher.

❸ Wikinger hatten als Kennzeichen die Piratenflagge an ihren Booten.

❹ Wikinger suchten vor allem in Klöstern nach ihrer Beute.

2. Beantworte die Fragen. Schreibe Stichpunkte auf.

	Die Wikinger
❶ Wie sahen sie aus?	
❷ Was waren ihre Berufe zu Hause?	
❸ Wo waren ihre Raubzüge am erfolgreichsten?	
❹ Wie gingen sie bei ihren Raubzügen vor?	

3. Ordne die folgenden Aussagen den Abschnitten zu.

❶ Die Wikinger hinterließen nie Zeugen. **Abschnitt [ ]**

❷ Gold und Silber verschafften ihnen mehr Ansehen. **Abschnitt [ ]**

❸ Eines Tages fuhren sie mit ihren Drachenschiffen über die hohe See. **Abschnitt [ ]**

❹ Sie hörten auf seltsame Namen. **Abschnitt [ ]**

1. **Wikinger-Schrift**
   Diese Buchstaben stammen aus der Wikinger-Zeit. Man nennt sie Runen.

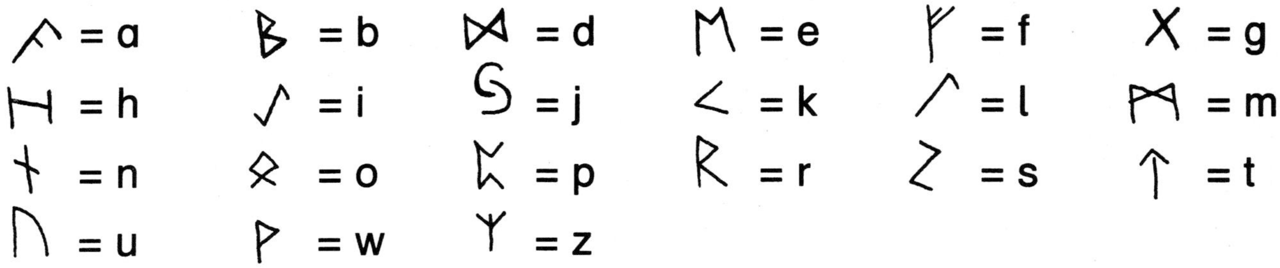

   Hinter diesen Wörtern verbergen sich Wikinger-Namen.
   Kannst du sie übersetzen?

   ______________________ ______________________ ______________________

2. **Schreibe deinen eigenen Namen in der Wikinger-Schrift auf.** ______________________

3. **Rätselgitter**

   6 Wörter aus dem Text haben sich hier versteckt.

   Kreise sie ein.

P	I	A	I	D	N	E	H	J	B	D	J	X
D	F	N	W	I	K	I	N	G	E	R	O	T
B	P	E	F	K	P	M	E	E	L	C	F	E
A	M	E	I	B	I	H	G	S	G	R	U	A
X	G	N	D	J	R	E	R	H	O	P	I	H
T	J	S	C	H	A	J	O	L	L	E	W	P
C	G	M	A	A	T	W	P	D	D	Z	F	S
E	E	A	X	H	L	I	F	H	I	N	T	I
P	F	B	T	K	S	C	J	K	O	X	T	U
G	M	T	G	U	K	G	O	A	W	C	L	O
P	K	L	O	S	T	E	R	V	I	W	A	I
I	S	D	E	N	O	R	D	S	E	E	N	L

Schrecken des Nordens

[1] Die Wikinger waren im frühen Mittelalter die gefürchtetsten Piraten der Nordsee. Sie waren riesig, rotblond, bärtig und hatten seltsame Namen wie Sven, Olaf oder Björn, Knut, Thorkel, Rorik und sogar Cnupa.

[2] Sie suchten Gold und Silber, das ihnen Ansehen verschaffte. Seit sie 793 das englische Kloster Lindisfarne überfallen hatten, wussten sie, dass in den Klöstern entlang der Nordseeküste genau das war, was sie suchten.

[3] Ihre Schnelligkeit war beängstigend. Sie kamen an, schlugen mit ihren Äxten die Klostertüren ein, durchwühlten alles und raubten die Schätze. Die friedliebenden Mönche konnten nur erschreckt zusehen. Sie hinterließen keine Zeugen. Gebäude wurden vernichtet, Landstriche verwüstet und Menschen getötet. Sie waren Raubwikinger und Beutefahrer und wurden sehr schnell als „Schrecken des Nordens“ bekannt.

Christa Holtei

Schrecken des Nordens

1. Welche Aussage stimmt nicht?
Streiche sie durch.

❶ Wikinger plünderten und raubten Gold.

❷ Wikinger hatten als Kennzeichen die Piratenflagge an ihren Booten.

❸ Wikinger suchten vor allem in Klöstern nach ihrer Beute.

2. Beantworte die Fragen. Schreibe Stichpunkte auf.

	Die Wikinger
❶ Wie sahen sie aus?	
❷ Wo waren ihre Raubzüge am erfolgreichsten?	
❸ Wie gingen sie bei ihren Raubzügen vor?	

3. Ordne die folgenden Aussagen den Abschnitten zu.

❶ Die Wikinger hinterließen nie Zeugen. **Abschnitt [ ]**

❷ Gold und Silber verschafften ihnen mehr Ansehen. **Abschnitt [ ]**

❸ Sie hörten auf seltsame Namen. **Abschnitt [ ]**

Eine Blindschleiche

Ich wälzte in einer Lichtung einen Stein beiseite, da glitt eine große Blindschleiche hervor. Behutsam fasste ich sie hinter dem Kopf, denn ich wusste Bescheid. Es war mir einmal passiert, dass eine Blindschleiche, nach der ich griff, den Schwanz verlor. Der abgebrochene Schwanz bewegte sich noch lange. Nun hatten wir ein Tier für unser Terrarium.

„Ihr Leib ist dick", sagte der Vater, „wahrscheinlich bekommt sie Junge." Als wir sie in das Terrarium setzten, verkroch sie sich in der Höhle, aber am nächsten Morgen, als die Sonne hineinschien, sahen wir den kleinen Kopf mit den **Eidechsenaugen** auftauchen. Nach einer Weile – wir beobachteten sie durch die Gucklöcher – kam sie hervor, glitt über das Gras und legte sich in die Sonne.

Ich sammelte kleine *Käfer, Raupen, Heuschrecken, Regenwürmer* und kleine *Nacktschnecken.* Einmal sah ich durchs Guckloch zu, wie die Blindschleiche eine Nacktschnecke verfolgte, die im Gras kroch. Sie betastete sie mit ihrer langen gespaltenen Zunge, schließlich sperrte sie bedächtig den Rachen auf und erfasste die Schnecke, drehte den Kopf und zog sie am Boden hin und her. Es dauerte lange, bis sie die kleine Schnecke hinabgewürgt hatte. Dann erschien immer wieder die Zunge. Eines Morgens sah ich eine kleine Schlange durch den Rasen gleiten, und da war noch eine und dort noch eine. Überall huschten sie umher. Unsere Blindschleiche hatte Junge bekommen. Es waren wunderhübsche, flinke Tierchen, fünfzehn haben wir später gezählt.

Sie hatten feine **Eidechsenköpfchen** mit blanken Äuglein. Die Mutter war bleigrau, aber die Kleinen waren hellbraun, wie Milchkaffee, mit einem dünnen schwarzen Strich über dem Rücken. Im Sonnenschein schimmerten sie wie Bronze.

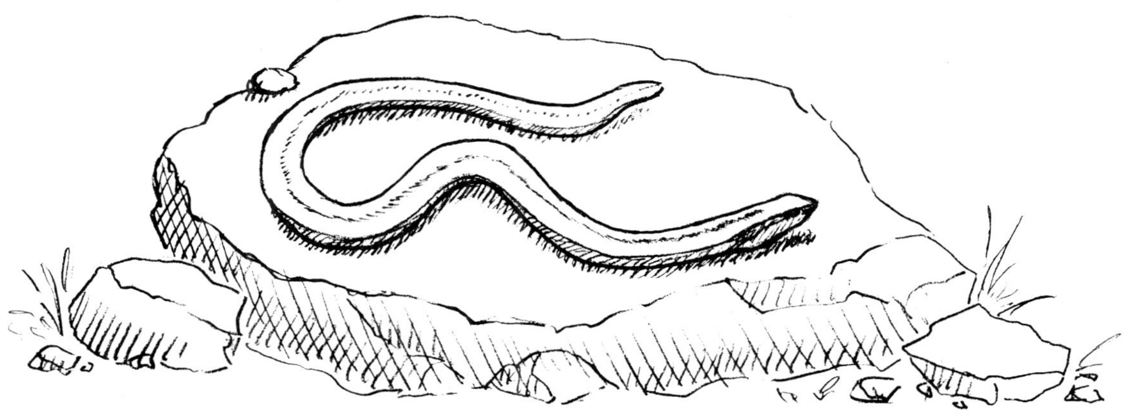

Eine Blindschleiche

Wie viel Freude haben wir an unserem Terrarium gehabt! Morgens lag die Blindschleichenmutter auf dem Sonnenplatz, und die Kleinen schlängelten sich umher; manchmal verknäulten sie sich. Es sah aus, als spielten sie miteinander. Mit dem Futter war es schwierig. Ich sammelte winzige *Spinnen* und *Räupchen*.

Die Ferien waren zu Ende. Wir brachten die Blindschleichenfamilie zurück in den Wald. Die Kleinen hatte ich in einer Schachtel beisammen; als ich sie ins Moos schüttete, war es ein Knäuel, aber sogleich entwirrte es sich, und die Schlänglein huschten davon, jedes für sich allein.

Wolf Durian

1. Wovon ernähren sich Blindschleichen? Markiere.

Die *schräg* gedruckten Wörter im Text helfen dir!

(D) Vogeleier	(P) Heuschrecken	(S) junge Mäuse
(R) Nacktschnecken	(I) Spinnen	(E) Waldfrüchte
(M) Raupen	(N) Gras	(A) Regenwürmer

Schreibe die Lösungsbuchstaben von links nach rechts auf.

Lösungswort: ________________

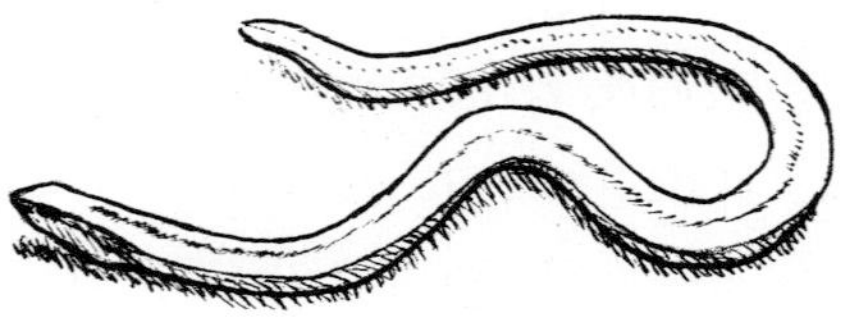

2. Punktschrift
Erkennst du diese Wörter?

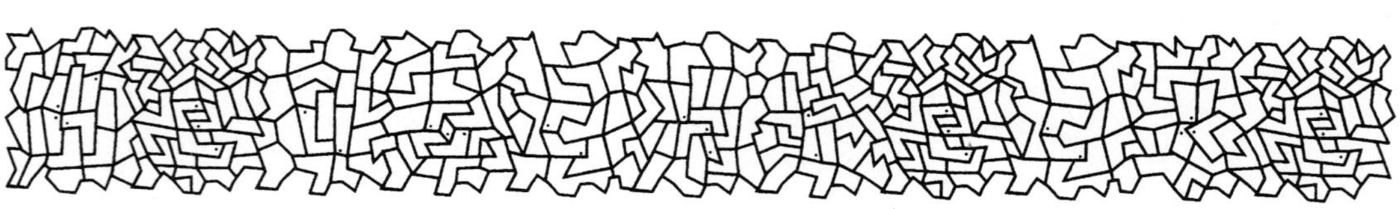

Eine Blindschleiche

1. Welche Antwort stimmt? Markiere.

❶ Woher weiß der Erzähler so viel über Blindschleichen?

- (B) Er hat in einem Buch darüber gelesen.
- (D) Er hat einen Förster befragt.
- (T) Er hat selbst eine Zeit lang eine Blindschleiche gehabt.

❷ Worin bewahrte der Erzähler die Blindschleiche auf?

- (D) Im Aquarium.
- (F) Im Käfig.
- (I) Im Terrarium.

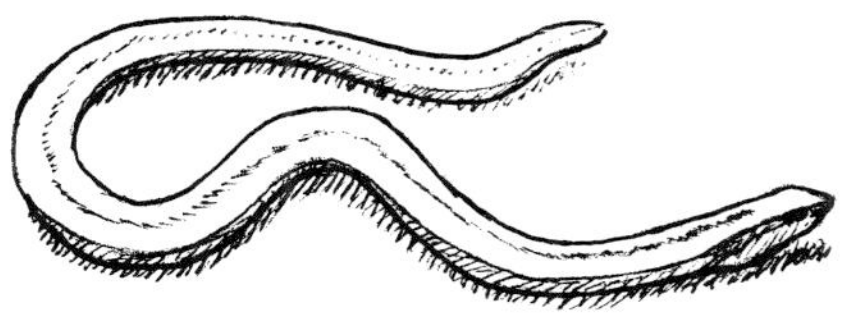

❸ Warum muss man Blindschleichen sehr vorsichtig anfassen?

- (G) Weil sie ihren Kopf verlieren.
- (E) Weil sie sonst ihren Schwanz verlieren.
- (K) Weil sie giftig sind.

❹ Was ist die Blindschleiche für ein Tier?

- (W) Eine Schlange.
- (R) Eine Eidechse.
- (L) Ein Käfer.

Lösungswort: __ __ __ __

2. Vervollständige den Lückentext mit diesen Begriffen:

Eidechsenkopf | Schlange | hellbraun | Eidechsen | Zunge | bleigrau | Milchkaffee | Eidechsenauge

Blindschleichen haben den Körper einer kleinen ____________________.

Aber eigentlich gehören sie zu den ____________________,

denn sie haben einen ____________________ mit blanken ____________________.

Die Nahrung betasten sie mit ihrer langen gespaltenen ____________________.

Die Farbe der erwachsenen Tiere ist ____________________,

während die Kleinen ____________________ wie ____________________ sind.

Eine Blindschleiche

Ich wälzte in einer Lichtung einen Stein beiseite, da glitt eine große Blindschleiche hervor. Behutsam fasste ich sie hinter dem Kopf, denn ich wusste Bescheid. Es war mir einmal passiert, dass eine Blindschleiche, nach der ich griff, den Schwanz verlor. Nun hatten wir ein Tier für unser Terrarium.

„Ihr Leib ist dick", sagte der Vater, „wahrscheinlich bekommt sie Junge." Im Terrarium verkroch sie sich gleich in der Höhle. Aber am nächsten Morgen sahen wir den kleinen Kopf mit den **Eidechsenaugen** auftauchen.

Ich sammelte kleine *Käfer, Raupen, Heuschrecken, Regenwürmer* und kleine *Nacktschnecken.* Einmal sah ich durch das Guckloch zu, wie die Blindschleiche eine Nacktschnecke verfolgte. Es dauerte lange, bis sie die kleine Schnecke hinabgewürgt hatte.

Eines Morgens sah ich kleine Schlangen durch den Rasen gleiten. Unsere Blindschleiche hatte Junge bekommen. Es waren wunderhübsche flinke Tierchen. Sie hatten feine **Eidechsenköpfchen** mit blanken Äuglein. Die Mutter war bleigrau, aber die Kleinen waren hellbraun, wie Milchkaffee, mit einem dünnen schwarzen Strich über dem Rücken. Im Sonnenschein schimmerten sie wie Bronze.

Wie viel Freude haben wir an unserem Terrarium gehabt! Morgens lag die Blindschleichenmutter auf dem Sonnenplatz, und die Kleinen schlängelten sich umher. Es sah aus, als spielten sie miteinander. Mit dem Futter war es schwierig. Ich sammelte winzige *Spinnen* und *Räupchen.* Die Ferien waren zu Ende. Wir brachten die Blindschleichenfamilie in den Wald zurück.

Wolf Durian

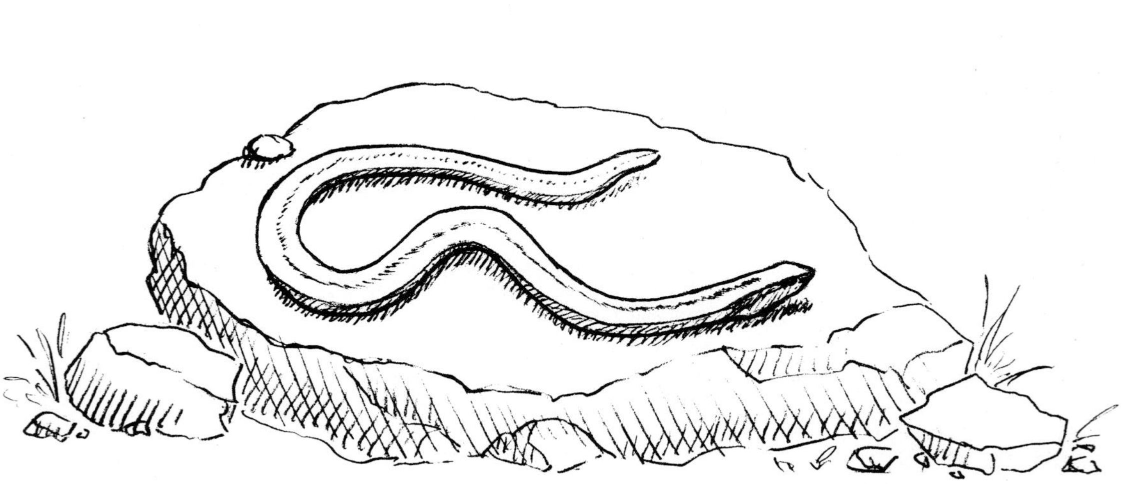

Eine Blindschleiche

**1. Welche Antwort stimmt?
Markiere.**

❶ Woher weiß der Erzähler so viel über Blindschleichen?

- (B) Er hat in einem Buch darüber gelesen.
- (D) Er hat einen Förster befragt.
- (T) Er hat selbst eine Zeit lang eine Blindschleiche gehabt.

❷ Worin bewahrte der Erzähler die Blindschleiche auf?

- (D) Im Aquarium.
- (F) Im Käfig.
- (I) Im Terrarium.

❸ Warum muss man Blindschleichen sehr vorsichtig anfassen?

- (G) Weil sie ihren Kopf verlieren.
- (E) Weil sie sonst ihren Schwanz verlieren.
- (K) Weil sie giftig sind.

❹ Was ist die Blindschleiche für ein Tier?

- (W) Eine Schlange.
- (R) Eine Eidechse.
- (L) Ein Käfer.

Lösungswort: __ __ __ __

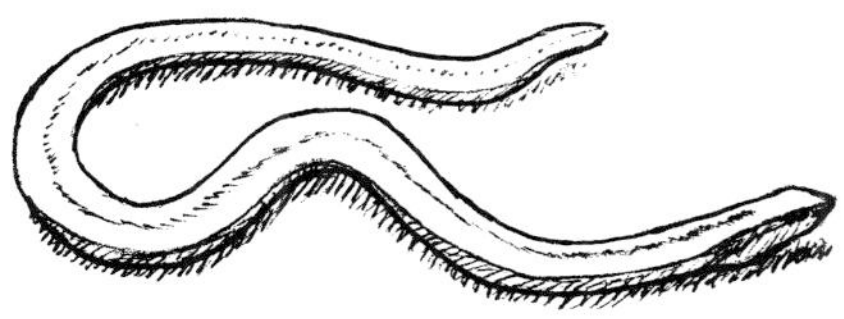

2. Fülle den Lückentext aus.

Die **fett** gedruckten Wörter im Text helfen dir!

Blindschleichen sind keine Schlangen, sondern ________________, denn sie haben einen ______________________ mit________________________ .

**3. Punktschrift
Erkennst du diese Wörter?**

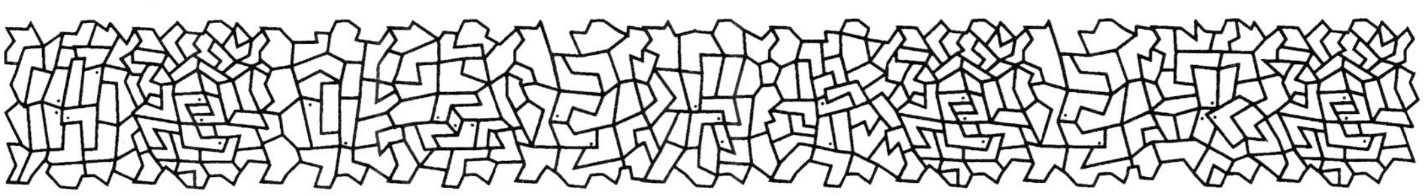

Woher die Säge ihre Zähne bekam

Solange es Menschen gibt, beobachten sie ihre Umwelt. Sie gehörten keineswegs zu den stärksten und gewandtesten Lebewesen auf der Erde. Der Tiger zum Beispiel besaß scharfe Zähne, der Elefant einen kräftigen Rüssel und der Bär mächtige Pranken. Die Menschen aber konnten weder das eine noch das andere aufweisen, und sie fürchteten sich deshalb vor den Tieren. Wollten sie ihr Leben erhalten, mussten sie danach trachten, der Stärke dieser Tiere gewachsen zu sein. Warum sollten sie sich nicht ebensolche Waffen zulegen, wie die Tiere sie von Natur aus besaßen? So regte die Menschen manches, was sie an Tieren, aber auch bei Pflanzen sahen, dazu an, es nachzuahmen. Sie schufen Waffen zu ihrem Schutz und auch Geräte, die ihnen die Arbeit erleichterten.

Sie lernten es, sich aus scharfen Splittern eines Steines Messer anzufertigen. Später befestigten sie so ein Messer an einem langen Stock und hatten einen Speer, den schärfsten Zahn und die längste Pranke. Der Kampf mit Tigern und Bären war nun nicht mehr aussichtslos. Im Laufe der Zeit stellten die Menschen dann auch andere, leistungsfähigere Werkzeuge her. Aus mehreren kleinen und scharfen Steinsplittern, die sie in ein Stück Holz einsetzten, entstand die erste Säge. Durch einen scharfen, schweren Stein bohrten sie in mühevoller Arbeit ein Loch, setzten einen kräftigen Stiel ein und besaßen nun ein Beil. Später schufen sie Sägen, Beile, Messer und andere Werkzeuge und Waffen aus Metall.

Heute schneiden die Menschen Metallbleche mit Stahlscheren, baggern mit großen Krallen aus Stahl in der Erde und zersägen mit den scharfen Zähnen der Motorsäge dickes Holz. Viele Werkzeuge, die wir auch heute noch benutzen, lassen eine Ähnlichkeit mit scharfen Zähnen und Krallen einiger Tiere erkennen.

nach Boris W. Subkow

Hartmut Lange. Lesekompetenz entwickeln, Band 2

Woher die Säge ihre Zähne bekam

1. Welche Teilüberschrift gehört zu welchem Abschnitt? Schreibe sie neben den Text.

So wurden die ersten Waffen und Werkzeuge gebaut	So sind unsere Werkzeuge heute	Dafür brauchte man Waffen und Werkzeuge

2. Streiche durch. Was steht nicht im Text?

❶ Solange es Menschen gibt, beobachten sie ihre Umwelt.
❷ Was Menschen bei Tieren und Pflanzen sahen, regte sie zum Nachahmen an.
❸ Sie benutzten große Blätter zum Schutz vor Regen.
❹ Aus scharfen Splittern eines Steines fertigten sie Messer an.
❺ Später schufen sie Sägen, Beile, Messer und andere Werkzeuge aus Metall.
❻ Heute kann man die alten Waffen noch im Museum sehen.

3. Wie gehen die Satzanfänge weiter? Markiere.

❶ Die Menschen schufen Waffen
- (W) aus Vergnügen an der Jagd.
- (A) zu ihrem Schutz.
- (B) um Handel damit zu treiben.

❷ Sie bauten später auch Werkzeuge
- (T) aus Holz.
- (L) aus Plastik.
- (X) aus Metall.

❸ Viele Werkzeuge, die wir heute noch benutzen,
- (G) stammen aus der Urzeit.
- (T) haben Ähnlichkeit mit Krallen und Zähnen.
- (E) werden aus Steinen und Knochen hergestellt.

Lösungswort: __ __ __

Woher die Säge ihre Zähne bekam

1. Ordne den Bildern das richtige Werkzeug zu.
Beschreibe, woraus die Waffen gebaut wurden.

Messer Säge Beil Speer

❶ 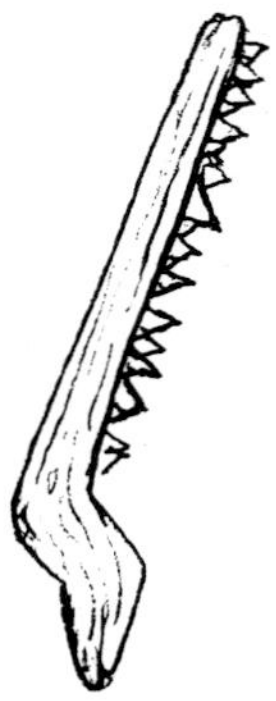

❷ 

❸ 

❹ 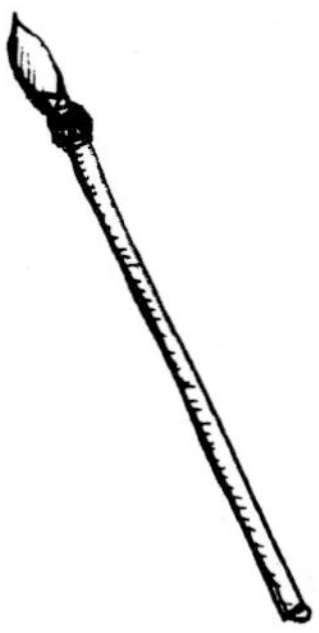

❶ ____

____

❷ ____

____

❸ ____

____

❹ ____

____

2. Überlege.
Von welchen Tieren könnte die Idee für diese Werkzeuge stammen?

Schaufel 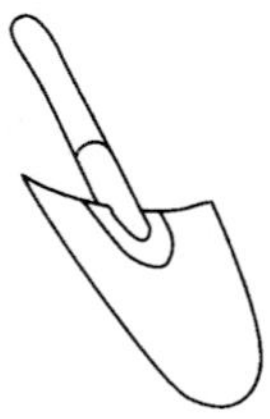

Zange 

Woher die Säge ihre Zähne bekam

Solange es Menschen gibt, beobachten sie ihre Umwelt. Sie gehörten keineswegs zu den stärksten und geschicktesten Lebewesen auf der Erde. Der Tiger besaß scharfe Zähne und der Bär mächtige Pranken. Die Menschen aber konnten weder das eine noch das andere aufweisen, und sie fürchteten sich deshalb vor den Tieren. Wollten sie ihr Leben erhalten, mussten sie der Stärke der Tiere gewachsen sein. So regte die Menschen manches, was sie an Tieren und Pflanzen sahen, dazu an, es nachzuahmen. Sie schufen Waffen zu ihrem Schutz und auch Geräte, die ihnen die Arbeit erleichterten.

Sie lernten aus scharfen Splittern eines Steines ein Messer anzufertigen. Später befestigten sie so ein Messer an einem langen Stock und hatten einen Speer, den schärfsten Zahn und die längste Pranke. Der Kampf mit Tigern war nicht mehr aussichtslos. Im Laufe der Zeit stellten die Menschen dann auch andere, leistungsfähigere Werkzeuge her und später schufen sie Sägen, Beile, Messer und andere Werkzeuge und Waffen aus Metall.

Heute schneiden die Menschen Metallbleche mit Stahlscheren und zersägen mit den scharfen Zähnen der Motorsäge dickes Holz. Viele Werkzeuge von heute lassen noch eine Ähnlichkeit mit scharfen Zähnen und Krallen von Tieren erkennen.

nach Boris W. Subkow

Woher die Säge ihre Zähne bekam

1. Welche Teilüberschrift gehört zu welchem Abschnitt? Schreibe sie neben den Text.

So wurden die ersten Waffen und Werkzeuge gebaut	So sind unsere Werkzeuge heute	Dafür brauchte man Waffen und Werkzeuge

2. Streiche durch. Was steht nicht im Text?

❶ Solange es Menschen gibt, beobachten sie ihre Umwelt.
❷ Was Menschen bei Tieren und Pflanzen sahen, regte sie zum Nachahmen an.
❸ Sie benutzten große Blätter zum Schutz vor Regen.

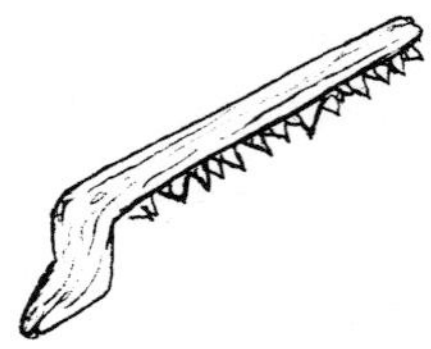

3. Wie gehen die Satzanfänge weiter? Markiere.

❶ Die Menschen schufen Waffen
- (W) aus Vergnügen an der Jagd.
- (A) zu ihrem Schutz.
- (B) um Handel damit zu treiben.

❷ Sie bauten später auch Werkzeuge
- (T) aus Holz.
- (L) aus Plastik.
- (X) aus Metall.

❸ Viele Werkzeuge, die wir heute noch benutzen,
- (G) stammen aus der Urzeit.
- (T) haben Ähnlichkeit mit Krallen und Zähnen.
- (E) werden aus Steinen und Knochen hergestellt.

Lösungswort: _ _ _

4. Halbe Wörter Erkennst du diese Wörter?

[1] Im Mittelalter wohnten die Menschen völlig anders als wir heute. Die Bauern verbrachten die meiste Zeit auf den Feldern und benutzten ihre kargen Katen mit unverglasten Fenstern fast nur zum Kochen, Essen und Schlafen. Der Rauch des Herdfeuers zog nach oben, sodass die Menschen auf ihren niedrigen Bänken unterhalb der Qualmwolke saßen. Zur Beleuchtung benutzte man Fackeln aus geschälten und in Fett getauchten Binsen. Sauber gehalten wurde das Haus, indem man den blanken Erdfußboden fegte. Das häusliche Leben war viel öffentlicher als heute. Die ganze Familie aß, schlief und verbrachte ihre Freizeit gemeinsam in einem Ein- oder Zweiraumhaus.

[2] Die Häuser der Reichen waren großzügiger. Ab dem 13. Jahrhundert besaßen einige Adlige private Familienwohnzimmer, und viele ließen ihre Fußböden mit Schmuckfliesen kacheln und behängten die Wände mit Bildteppichen.

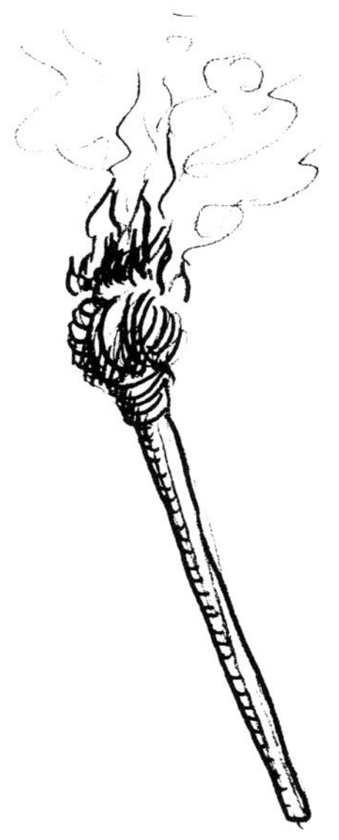

[3] Der Speiseplan der Menschen im Mittelalter hing ganz vom Wohlstand ab. Adlige und reiche Kaufleute konnten sich eine abwechslungsreiche Kost leisten. So gab es Fisch, Fleisch von Pfauen oder Schwänen und allerlei Süßspeisen. Aber auch teure Leckereien wie Trockenfrüchte, Mandeln und Gewürze aus Asien waren darunter.

[4] Die Armen ernährten sich von dunklem Brot aus grobem Mehl und Gartengemüse. Fleisch hatten sie vor allem von Schweinen aus eigener Fütterung. Im Winter mussten sich die ärmeren Leute mit gepökeltem Fleisch und Fisch zufrieden geben. Pökeln war die einzige Möglichkeit, Fleisch haltbar zu machen. Durch Zugabe von Hafermehl, Erbsen, Bohnen oder Brotkrümeln konnte man den salzigen Geschmack des Kochfleisches abmildern. Kühe, Schafe und Ziegen lieferten Milch.

Andrew Langley

Leben im Mittelalter

1. Streiche durch.
Zu welchen Themen macht der Text keine Aussagen?

❶ Das Wohnen im Mittelalter
❷ Die Körperpflege im Mittelalter
❸ Der Speiseplan der Armen im Mittelalter
❹ Die Schule im Mittelalter
❺ Der Handel im Mittelalter
❻ Der Speiseplan der Adligen im Mittelalter

2. Die Wörter „Kate“ und „gepökeltes Fleisch“ kennst du vielleicht nicht.
Du findest im Text je einen anderen Begriff dafür.
Unterstreiche und vervollständige dann die beiden Sätze.

❶ Eine Kate war ein ______________________________.

❷ Gepökeltes Fleisch ist ______________________________.

3. Ordne jeder Teilüberschrift den richtige Textabschnitt zu.

Das Wohnen der Bauern im Mittelalter	**[1]**
Die Speisen der Bauern im Mittelalter	**[2]**
Das Wohnen der Adligen im Mittelalter	**[3]**
Das Speisen der Adligen im Mittelalter	**[4]**

4. Halbe Wörter
Erkennst du diese Wörter?

Leben im Mittelalter

1. Fülle die Tabelle aus.
Verwende nur Stichpunkte.

	Reiche (Adlige)	Arme (Bauern)
Wohnen		
Speisen		

2. Rätselgitter

8 Wörter aus dem Text sind hier versteckt.

Kreise sie ein.

A	E	D	C	H	N	I	Z	B	O	D	G	S
H	A	F	E	R	M	E	H	L	R	Z	A	P
S	P	K	B	S	C	H	J	M	F	K	F	E
M	O	G	B	A	U	E	R	X	P	O	W	I
A	C	H	I	F	M	I	R	D	H	C	J	S
N	F	S	N	L	S	P	E	K	A	H	S	E
D	I	E	S	G	R	R	A	B	Q	F	A	P
E	D	J	E	I	P	D	D	L	M	L	W	L
L	M	T	N	O	B	S	E	T	Z	E	L	A
N	O	B	N	R	M	U	L	G	C	I	W	N
A	U	S	E	H	L	Y	S	P	E	S	V	V
I	G	K	T	R	F	J	P	Q	H	C	E	I
E	R	B	S	E	N	E	H	U	L	H	M	N
D	P	C	H	L	N	O	A	P	L	F	S	H

Leben im Mittelalter

[1] Im Mittelalter wohnten die Menschen völlig anders als wir heute.
Die Bauern verbrachten die meiste Zeit auf den Feldern und benutzten ihre kargen Katen mit unverglasten Fenstern fast nur zum Kochen, Essen und Schlafen. Zur Beleuchtung benutzte man Fackeln aus geschälten und in Fett getauchten Binsen.
Die ganze Familie aß, schlief und verbrachte ihre Freizeit in einem Ein- oder Zweiraumhaus.

[2] Die Häuser der Reichen waren großzügiger. Einige Adlige besaßen private Familienwohnzimmer, und viele ließen ihre Fußböden mit Schmuckfliesen kacheln.

[3] Der Speiseplan der Menschen im Mittelalter hing ganz vom Wohlstand ab. Adlige und reiche Kaufleute konnten sich eine abwechslungsreiche Kost leisten. So gab es Fisch, Fleisch von Pfauen oder Schwänen und allerlei Süßspeisen.

[4] Die Armen ernährten sich von dunklem Brot aus grobem Mehl und Gartengemüse. Fleisch hatten sie vor allem von Schweinen aus eigener Fütterung. Kühe, Schafe und Ziegen lieferten Milch.

Andrew Langley

Leben im Mittelalter

1. **Streiche durch.**
   Zu welchen Themen macht der Text keine Aussagen?

   ❶ Das Wohnen im Mittelalter
   ❷ Die Körperpflege im Mittelalter
   ❸ Der Speiseplan der Armen im Mittelalter
   ❹ Die Schule im Mittelalter

2. **Das Wort „Kate“ kennst du vielleicht nicht.**
   Du findest im Text einen anderen Begriff dafür.
   Unterstreiche und vervollständige dann den Satz.

   Wie kann man eine Kate noch nennen?

   Eine Kate war ein ______________________________.

3. **Ordne jedem Textabschnitt die richtige Teilüberschrift zu.**

   Das Wohnen der Bauern im Mittelalter **[1]**

   Das Wohnen der Adligen im Mittelalter **[3]**

   Das Speisen der Adligen im Mittelalter **[4]**

   Das Speisen der Bauern im Mittelalter **[2]**

Vogelhochzeit

Wer kennt anderswo schon das große Fest der Vogelhochzeit? Bei uns kennt es jedes Kind und freut sich darauf. Alle Bäcker kennen es und backen viele Backöfen voll mit Kuchenvögeln aus süßem Teig. Sogar eine ganze Fabrik kennt das Fest und beliefert die Geschäfte zur rechten Zeit mit bunten Schokoladennestern und Zuckervögeln, damit ja kein Kinderteller an diesem Tag leer zu bleiben braucht. Und natürlich kennen alle Mütter das Fest und greifen tiefer in die Gabenkassen – tiefer oder wenigstens so tief wie für den Osterhasen.

Doch auch die Väter und Mütter selbst gehen nicht leer aus, der Abend bringt für sie Musik, Tanz und Fröhlichkeit. Denn die Vogelhochzeit ist wirklich ein großes Fest für alle. Bei uns. Hier in der sorbischen Oberlausitz. Ein großes Fest, und niemand kennt seinen Ursprung. Sogar die Gelehrten, die ja fast alles wissen, wissen über unser Fest nicht viel mehr als alle. Nämlich, dass es am 25. Januar gefeiert wird und dass es zu dieser Zeit selbst für Spatzen zu kalt ist, um Hochzeit zu machen.

Wir kümmern uns weder um die Gelehrten noch um die Spatzenkälte und feiern. Heute, da alle Feste größer und teurer sind, ist natürlich auch das Fest der Vogelhochzeit größer und teurer als damals, als ich ein kleiner Junge war. Heute beginnt das Fest für die Kinder schon am Vorabend vor dem Schlafengehen. Kein Kind vergisst, seinen Teller aufs Fenster zu stellen, damit die gebefreudigen Vögel gleich früh ihre ersten Gaben austeilen können. Jeder weiß ja, dass die Vögel Frühaufsteher sind – der Hahn kräht immer eher, als der Wecker läutet –, und also fangen sie mit ihrer Hochzeit schon an, wenn die Kinder noch schlafen.

Dann aber, kaum aufgewacht, laufen die Mädchen und Jungen zu ihren Tellern – und siehe da, die Vögel haben das Fest nicht vergessen: Auf dem Teller liegt eine neue bunte Mütze, vielleicht eine Kassette für den Rekorder, ein Paar neue Strumpfhosen und – ganz bestimmt – Süßigkeiten und Obst.

Danach beginnt der Tag im Kindergarten und in der Schule: Die Kleinen singen zuallererst ihr Vogelhochzeitslied, und dann finden sie auf ihren Kindergartentellern schöne Gaben der Vögel. Während sie frühstücken, wird ihnen eine Geschichte vorgelesen, von der Vogelhochzeit oder von den Vögeln überhaupt. In der Schule gibt es keine solchen Überraschungen, es ist Schultag wie immer, bloß dass er anfängt mit einem lustigen Lied von der Braut, dem Fräulein Elster, und dem Bräutigam, dem Herrn Raben.

Aber am Nachmittag freuen sich die Leute über den bunten Festzug der Schulkinder. Die Schar der Vogelhochzeitsgäste zieht durch die Straßen. Viele Arten von Vögeln sieht man da, zumeist Störche und schwarze Raben, weil sich diese Kostüme am einfachsten herstellen lassen. Auch die Kindergartenkinder veranstalten ihren Umzug, sie sind voll Eifer und Ernst dabei, denn sie glauben ja an die Vogelhochzeit so fest wie an den Weihnachtsmann.

Wenn die einen aus dem Kindergarten, die anderen aus der Schule kommen, rennen sie gleich wieder zum Fenster und zum zweiten Mal haben die Vögel ihre Gaben abgeladen. Die Teller werden abgeräumt und gleich stehen gelassen. Wenn´s gut geht, fliegen die Vögel noch einmal an, vielleicht mit einer Schüssel Pudding, vielleicht mit einem anderen Stück aus der süßen Küche. Und wer dann noch nicht genug hat – es gibt ja auch unbescheidene Kinder – stellt seinen Teller noch einmal aufs Fensterbrett. Und er findet garantiert schließlich ein Stück Kohle oder einen Stein: Das ist das Zeichen der Vögel, dass bei ihnen unwiderruflich Küchenschluss ist.

Damit ich es nicht vergesse zu sagen: Zum Dank für das schöne Fest kümmern sich die Kinder darum, dass die Vögel den ganzen Winter hindurch im Futterhäuschen immer etwas zum Pickern vorfinden.

Jurij Brezan

Wo ist die Oberlausitz?
Schaue in einem Atlas nach.

Vogelhochzeit

1. Welche Antwort stimmt?
Markiere.

❶ Was ist die Vogelhochzeit?

- (F) Ein altes Kinderlied.
- (V) Ein großes Fest in einem Vogelpark.
- (S) Ein alter sorbischer Brauch.

❷ Wie wird das Fest in der Schule gefeiert?

- (D) Alle haben schulfrei.
- (P) Es wird ein Lied gesungen.
- (H) Ein Theaterstück wird aufgeführt.

❸ Bei wem bedanken sich die Kinder für die Geschenke?

- (S) Bei ihren Eltern.
- (G) Bei ihren Lehrern.
- (A) Bei den Vögeln.

❹ Wie bedanken sich die Kinder?

- (T) Sie füttern die Vögel im Winter.
- (R) Sie legen Kohle ins Vogelhaus.
- (Z) Sie schreiben den Vögeln einen Brief.

❺ An welchen anderen Brauch erinnert die Vogelhochzeit?

- (J) An Halloween (31. Oktober).
- (Z) An den Nikolaustag (6. Dezember).
- (P) An Heilig Abend (24. Dezember).

Lösungswort: __ __ __ __ __

2. Unterstreiche im Text.
Wo und wann findet das Fest statt?
Vervollständige nun den Satz.

Das Fest der Vogelhochzeit wird in ______________________________

am ______________________________ gefeiert.

Vogelhochzeit

1. ***Was*** **passiert** ***wann*** **bei dem Fest?**
   Schreibe Stichpunkte auf.

Abend/Nacht	
Vormittag	
Nachmittag	

2. **Rätsel**

❶ Ein Mann mit Bart und rotem Mantel bringt Kindern in der Nacht Süßigkeiten (6.12.).

❷ Unter einem geschmückten Tannenbaum liegen Geschenke (24.12).

❸ Vögel bringen Kindern Süßes und kleine Geschenke (25.1).

❹ Ein Hase bringt Eier (März/April).

❺ Das alte Jahr wird verabschiedet. Um Mitternacht gibt es ein Feuerwerk (31.12.).

Lösungswort: 1 2 3 4 5

Hartmut Lange. Lesekompetenz entwickeln, Band 2

Vogelhochzeit

Wer kennt anderswo schon das große Fest der Vogelhochzeit? Bei uns kennt es jedes Kind und freut sich darauf. Alle Bäcker kennen es und backen viele Backöfen voll mit Kuchenvögeln aus süßem Teig. Und natürlich kennen alle Mütter das Fest und greifen tiefer in die Gabenkassen – tiefer oder wenigstens so tief wie für den Osterhasen. Denn die Vogelhochzeit ist wirklich ein großes Fest für alle. Bei uns. Hier in der sorbischen Oberlausitz.

Ein großes Fest, und niemand kennt seinen Ursprung. Sogar die Gelehrten, die ja fast alles wissen, wissen über dieses Fest nicht viel mehr als alle. Nämlich, dass es am 25. Januar gefeiert wird und dass es zu dieser Zeit selbst für Spatzen zu kalt ist, um Hochzeit zu machen.

Heute, da alle Feste größer und teurer sind, ist natürlich auch das Fest der Vogelhochzeit größer und teurer als damals, als ich ein kleiner Junge war. Heute beginnt das Fest für die Kinder schon am Vorabend vor dem Schlafengehen. Kein Kind vergisst seinen Teller aufs Fenster zu stellen, damit die gebefreudigen Vögel gleich früh ihre ersten Gaben austeilen können. Am Morgen, kaum aufgewacht, laufen die Mädchen und Jungen zu ihren Tellern – und siehe da, die Vögel haben das Fest nicht vergessen: Auf dem Teller liegt eine neue bunte Mütze, vielleicht ein Paar neue Strumpfhosen und – ganz bestimmt – Süßigkeiten und Obst.

Danach beginnt der Tag in der Schule. In der Schule ist es ein Tag wie immer, bloß dass er anfängt mit einem lustigen Lied von der Braut, dem Fräulein Elster, und dem Bräutigam, dem Herrn Raben. Aber am Nachmittag freuen sich die Leute über den bunten Festzug der Schulkinder. Viele Arten von Vögeln sieht man da, zumeist Störche und schwarze Raben, weil sich diese Kostüme am einfachsten herstellen lassen.

Wenn die Kinder nach Hause kommen, rennen sie gleich wieder zum Fenster und zum zweiten Mal haben die Vögel ihre Gaben abgeladen. Die Teller werden abgeräumt und gleich stehen gelassen. Wenn´s gut geht, fliegen die Vögel noch einmal an.

Damit ich es nicht vergesse zu sagen: Zum Dank für das schöne Fest kümmern sich die Kinder darum, dass die Vögel den ganzen Winter hindurch im Futterhäuschen immer etwas zum Pickern vorfinden.

Jurij Brezan

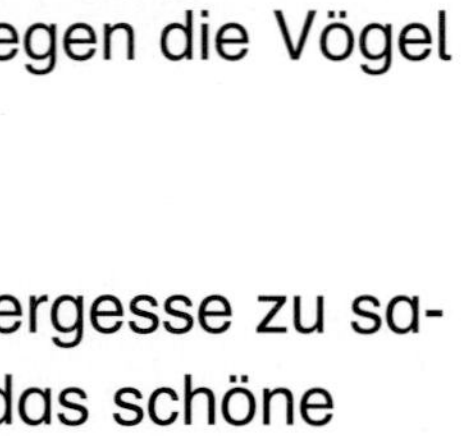

Vogelhochzeit

1. Wo ist die Oberlausitz?
Schaue in einem Atlas nach.

2. Welche Antwort stimmt?
Markiere.

❶ Was ist die Vogelhochzeit?
- (F) Ein altes Kinderlied.
- (V) Ein großes Fest in einem Vogelpark.
- (F) Ein alter sorbischer Brauch.

❷ Was stellen die Kinder auf das Fenster?
- (E) Einen Teller.
- (A) Einen Stiefel.
- (W) Einen Eimer.

❸ Wie bedanken sich die Kinder bei den Vögeln?
- (S) Sie füttern die Vögel im Winter.
- (R) Sie legen Kohle ins Vogelhaus.
- (Z) Sie schreiben den Vögeln einen Brief.

❹ An welchen anderen Brauch erinnert die Vogelhochzeit?
- (J) An Halloween (31. Oktober).
- (T) An den Nikolaustag (6. Dezember).
- (P) An Heilig Abend (24. Dezember).

Lösungswort: __ __ __ __

3. Unterstreiche im Text.
Wo und wann findet das Fest statt?
Vervollständige nun den Satz.

Das Fest der Vogelhochzeit wird in ______________________________

am ______________________________ gefeiert.

Ein Gewitter

„Komm jetzt bitte aus dem Wasser, wir wollen nach Hause fahren!“, rief Carolins Vater seiner fröhlich im Badesee planschenden Tochter zu. „Och, nur noch fünf Minuten, das Wasser ist so herrlich warm“, bettelte Carolin. Sie war enttäuscht. Erst musste sie wochenlang warten, bis ihr Vater endlich Zeit hatte, mit ihr zum Badesee zu fahren. Nun waren sie gerade eine halbe Stunde hier, da wollte er schon wieder nach Hause.
„Kommt gar nicht in Frage, du kommst jetzt sofort aus dem Wasser.“ Carolin erschrak ein wenig über die Strenge. Sonst gab Vati eigentlich immer nach, wenn sie um etwas bettelte. Also musste sie wohl oder übel aus dem Wasser.
„Was hast du denn?“, fragte sie ihn – immer noch ein wenig erschrocken.
„Dort hinten braut sich ein Gewitter zusammen und wir sollten zu Hause sein, bevor es richtig losgeht“, bekam sie zur Antwort.

„Aber das ist doch noch so weit entfernt. Ich habe noch nicht einmal einen Donner gehört. Und außerdem steht dort hinten auf der Wiese eine schöne große Buche mit ganz dichtem Laub. Dort können wir uns unterstellen und abwarten, bis das Gewitter vorüber ist“, meinte Carolin. Sie hoffte immer noch, dass sie ihren Vater überreden könnte, noch ein wenig zu bleiben.

„Um Himmels Willen“, rief dieser entsetzt, „das kann lebensgefährlich sein!“ „Wieso denn?“, fragte Carolin. „Der Baum ist groß und kräftig und er bietet genügend Schutz!“
„Er ist aber weit und breit der einzige große Baum auf der Wiese. Und wenn ein Blitz einschlägt, dann sucht er sich immer den höchsten Punkt. Und auf der Wiese dort ist das nun mal die Buche“, bekam sie zur Antwort. „Jeder einzeln stehende Baum, egal, welche Art, ist bei Gewitter gefährlich. Auch in der Nähe von Masten sollte man sich deswegen bei Gewitter nicht aufhalten“, ergänzte Carolins Vater noch.

„Mmh“, machte Carolin nachdenklich. „Du, Vati, wie entstehen eigentlich Gewitter?“ „Na, ja ...“, antwortete ihr Vater, „das ist so ... warme und feuchte Luft steigt nach oben ... und dann ... So genau weiß ich das auch nicht. Aber liegt nicht im Auto das Erklärbuch, das du dir gestern in der Stadtbibliothek ausgeliehen hast? Lass uns mal nachsehen. Vielleicht steht da etwas über Gewitter drin.“

Sie setzten sich ins Auto und Carolin blätterte in dem Buch. „E – F – G – Gewitter! Hier steht es: Warme, feuchte Luft kann an heißen Sommertagen schnell nach oben steigen. In den höheren Luftschichten kühlt sie sich ab.

Es entstehen Wassertröpfchen und Eiskristalle. Diese bilden die Wolken. Innerhalb der Wolken herrschen starke Luftbewegungen. Dadurch laden sich die Wassertröpfchen und Eiskristalle elektrisch auf, wobei starke Spannungsunterschiede entstehen. Diese entladen sich schließlich in Form von Blitzen. Der elektrische Strom eines Blitzes ist oft 3000-mal so hoch wie der an einer normalen Steckdose."

„Steht da auch, woher der Donner kommt?", fragte Carolins Vater. „Moment", erwiderte sie, „ja, hier: Der Blitz erhitzt die Luft so stark, dass eine Druckwelle entsteht. Die nimmt man als Donner wahr." „Ach so, das ist so ähnlich wie beim Schießen mit einem Gewehr", bemerkte ihr Vater.

Beide waren so vertieft, dass sie gar nicht bemerkt hatten, dass das Gewitter schon ziemlich nahe war. Es blitzte und donnerte ziemlich heftig. Und nun setzte auch noch ein starker Regen ein.

„Willst du nicht endlich losfahren", fragte Carolin ängstlich, „hier auf dem Parkplatz ist unser Auto der höchste Punkt. Wir sind also in Lebensgefahr."
„Keine Angst", beruhigte sie ihr Vater, „das Auto ist ein ziemlich sicherer Schutz. Es ist aus Metall. Und selbst wenn ein Blitz einschlagen sollte, wird er außen am Auto abgeleitet. Uns hier drinnen kann nichts passieren."

Aber so ganz beruhigt war Carolin damit noch nicht. „Willst du nicht doch lieber losfahren? Vielleicht macht sich Mutti Sorgen."
„Nein, wir warten, bis das Gewitter vorbei ist. Bei dem starken Regen kann ich kaum etwas sehen. Außerdem könnten mich die Blitze blenden. Das ist viel zu gefährlich."
Carolin schwieg, rollte sich auf ihrem Sitz zusammen und hoffte auf das Ende des Gewitters.

Nach einiger Zeit hörte es dann endlich auf zu donnern. Sogar die Sonne schien wieder.
„Na, Carolin", sagte ihr Vater, „jetzt ist das Gewitter vorbei. Willst du nicht noch einmal ins Wasser springen?"
„Au ja!", jubelte sie und rannte zum See. Das Wasser schien jetzt noch wärmer als vor dem Gewitter.

Hartmut Lange

Ein Gewitter

1. **Streiche durch.**
   Welche Aussagen sind falsch?

(B) Aufsteigende feuchte und warme Luft wird zu Wolken.
(S) Gewitterwolken bilden sich aus Flugzeugabgasen.
(E) Der elektrische Strom eines Blitzes ist genauso hoch wie der an einer normalen Steckdose.
(G) In einem Auto ist man bei Gewitter ziemlich sicher.
(D) Wassertröpfchen und Eiskristalle laden sich elektrisch auf.
(E) Bei Gewitter sollte man den Schutz von Bäumen suchen.
(H) Die Hitze des Blitzes erzeugt eine Druckwelle.

Die Buchstaben vor den *durchgestrichenen* Aussagen ergeben ein

Lösungswort: ________________

2. **Wie entsteht ein Gewitter?**
   Bringe die Aussagen in die richtige Reihenfolge.

☐ Wassertröpfchen und Eiskristalle laden sich elektrisch auf.

☐ Warme, feuchte Luft steigt nach oben.

☐ Wassertröpfchen und Eiskristalle entladen sich mit einem gewaltigen Stromschlag.

3. **Verbinde richtig.**

Bei Gewitter ist man im Auto ziemlich sicher, weil ...	... der Blitz den Fahrer blenden kann.
Die Nähe von Masten sollte man meiden, weil ...	... der Blitz außen am Auto abgeleitet wird.
Bei Gewitter sollte man mit dem Auto stehen bleiben, weil ...	... er sich immer den höchsten Punkt sucht.

Ein Gewitter

1. **Schreibe auf.**
   Es gibt noch mehr Regeln,
   die man bei Gewitter beachten sollte.

Wenn du keine anderen Regeln weißt, frage deine Eltern oder lies es nach!

Lebensgefahr

Schutz unter einem Baum suchen

____

____

____

Schutz

Im Auto sitzen (Kein Metall berühren!)

____

____

____

2. **Blitzableiter**
   Mache aus deinem Finger einen Blitzableiter.
   Du brauchst:
   - ein gut abgetrocknetes Glas
   - ein Stück Styropor
   - einen Tortenheber aus Metall

Blitzableiter sind Metallspitzen. Sie werden auf den Dächern von Häusern angebracht. Über eine Leitung sind sie mit dem Boden und dem Grundwasser verbunden. Dadurch wird der Blitz vom Haus abgeleitet.

❶ Reibe das Stück Styropor kräftig an einem Wollpullover hin und her.

❷ Die Kuchenschaufel legst du auf das Glas. Auf die Kuchenschaufel kommt das Styropor.

❸ Richte deinen Zeigefinger auf den Griff von der Kuchenschaufel.

❹ Ein winziger Blitz schießt von der Kuchenschaufel auf deinen Finger.

❺ Wenn du das Licht ausmachst, kannst du den Blitz noch besser sehen!

Ein Gewitter

„Komm jetzt bitte aus dem Wasser, wir wollen nach Hause fahren“, rief Carolins Vater seiner fröhlich im Badesee planschenden Tochter zu.

„Och, nur noch fünf Minuten, das Wasser ist so herrlich warm“, bettelte Carolin.

„Dort hinten braut sich ein Gewitter zusammen und wir sollten zu Hause sein, bevor es richtig losgeht“, erklärte der Vater.

„Aber das ist doch noch so weit entfernt. Und außerdem steht dort hinten auf der Wiese eine schöne große Buche mit ganz dichtem Laub. Dort können wir uns unterstellen und abwarten, bis das Gewitter vorüber ist“, meinte Carolin. Sie hoffte immer noch, dass sie ihren Vater überreden könnte, noch ein wenig zu bleiben.

„Um Himmels Willen“, rief dieser entsetzt, „das kann lebensgefährlich sein!“ „Wieso denn?“, fragte Carolin, „Der Baum ist groß und kräftig und er bietet genügend Schutz!“

„Er ist aber weit und breit der einzige große Baum auf der Wiese. Und wenn ein Blitz einschlägt, dann sucht er sich immer den höchsten Punkt.“

„Mmh“, machte Carolin nachdenklich. „Du, Vati, wie entstehen eigentlich Gewitter?“ „Na, ja ...“, antwortete ihr Vater nachdenklich, „das ist so ... warme und feuchte Luft steigt nach oben ... und dann ... So genau weiß ich das auch nicht. Aber liegt im Auto nicht noch das Erklärbuch, das du dir gestern in der Stadtbibliothek ausgeliehen hast. Lass uns mal nachsehen. Vielleicht steht da etwas über Gewitter drin.“

Sie setzten sich ins Auto und Carolin blätterte in dem Buch.

„E – F – G – Gewitter! Hier steht es: Warme, feuchte Luft kann an heißen Sommertagen schnell nach oben steigen. In den höheren Luftschichten kühlt sie sich ab. Es entstehen Wassertröpfchen und Eiskristalle. Diese bilden die Wolken. Innerhalb der Wolken herrschen starke Luftbewegungen vor. Dadurch laden sich die Wassertröpfchen und Eiskristalle elektrisch auf, wobei starke Spannungsunterschiede entstehen. Diese entladen sich schließlich in Form von Blitzen. Der elektrische Strom eines Blitzes ist viel stärker als der an einer normalen Steckdose.“

Beide waren so vertieft, dass sie gar nicht bemerkt hatten, dass das Gewitter schon ziemlich nahe war. Es blitzte und donnerte jetzt heftig. Und nun setzte auch noch ein starker Regen ein. „Willst du nicht endlich losfahren?“, fragte Carolin ängstlich. „Vielleicht macht sich auch Mutti Sorgen.“

„Nein, wir warten, bis das Gewitter vorbei ist. Mich könnte ein Blitz blenden. Das ist viel zu gefährlich.“

Carolin schwieg, rollte sich auf ihrem Sitz zusammen und hoffte auf das Ende des Gewitters.

Nach einiger Zeit hörte es dann endlich auf zu donnern. Sogar die Sonne schien wieder.

„Na, Carolin“, sagte ihr Vater, „jetzt ist das Gewitter vorbei. Willst du nicht noch einmal ins Wasser springen?“

„Au ja!“, jubelte sie und rannte zum See. Das Wasser schien jetzt noch wärmer als vor dem Gewitter.

Hartmut Lange

Ein Gewitter

1. Streiche durch.
Welche Aussagen sind falsch?

B Aufsteigende feuchte und warme Luft wird zu Wolken.
S Gewitterwolken bilden sich aus Flugzeugabgasen.
E Der elektrische Strom eines Blitzes ist genauso hoch wie der an einer normalen Steckdose.
D Wassertröpfchen und Eiskristalle laden sich elektrisch auf.
E Bei Gewitter sollte man den Schutz von Bäumen suchen.

Die Buchstaben vor den *durchgestrichenen* Aussagen ergeben ein **Lösungswort:** ______________________

2. Wie entsteht ein Gewitter?
Bringe die Aussagen in die richtige Reihenfolge.

☐ Wassertröpfchen und Eiskristalle laden sich elektrisch auf.

☐ Warme, feuchte Luft steigt nach oben.

☐ Wassertröpfchen und Eiskristalle entladen sich mit einem gewaltigen Stromschlag.

3. Rätselgitter

4 Wörter aus dem Text sind hier versteckt.

Kreise sie ein.

A	G	E	W	I	T	T	E	R	E	I	A
U	O	C	H	G	S	E	S	J	G	O	U
F	L	E	H	A	K	M	T	U	A	A	M
G	B	M	T	T	D	K	P	B	O	U	U
A	A	B	S	T	F	N	A	E	F	T	I
K	U	D	P	G	U	S	H	I	U	O	Z
R	M	S	S	T	S	T	R	O	M	K	G
J	L	N	L	E	V	T	N	W	C	H	Z
A	U	E	R	B	D	P	T	T	W	N	L

Textnachweis

5. Sachtexte

Seite 14: Hellmiß, Margot: *Als es noch keine Feuerwehr gab.* Aus: Margot Hellmiß, Das will ich wissen. Die Feuerwehr. © 1995 by Arena Verlag GmbH, Würzburg

Seite 16: Eichmann, Kerstin: *Die Katze.* Aus: Kerstin Eichmann, Sachunterricht: Haus- und Heimtiere. 1998 Persen Verlag GmbH, Horneburg

Seite 18: Rice, Chris und Melanie: *Kinder in einer spanischen Ritterburg.* Aus: Faszinierende Welt der Kinder

Seite 21: Dittmann, Jürgen: *Das schlaue Wildschwein.* Aus: Jürgen Dittmann, Heinrich Köster, Das Naturmalbuch. Verlag an der Ruhr, Mülheim 1997

Seite 24: Tarnowski, Wolfgang: *Wie wurde ein Ritter erzogen?* Aus: Ein Was-Ist-Was-Buch. 1990 Tessloff Verlag, Nürnberg

Seite 27: Ardagh, Philip: *Captain Cook.* Aus: Abenteurer und Entdecker. 1996 Echter Verlag, Würzburg

Seite 30: Ullrich, Ursula: Hiddensee-Sehfahrt. 1983 Buchverlag Junge Welt, Berlin

6. Sachtexte in differenzierten Fassungen

Seite 34: Pfeffer, Pierre: *Der Grizzlybär.* Aus: Pierre Pfeffer, Bären - Die unsanften Riesen

Seite 38: Holtei, Christa: *Schrecken des Nordens.* 1998 Kinderbuchverlag Luzern, Aarau/Schweiz

Seite 43: Durian, Wolf: *Eine Blindschleiche.* Aus: Erzähl von deinen Tieren. 1983 Der Kinderbuchverlag, Berlin

Seite 48: Subkow, Boris W.: *Woher die Säge ihre Zähne bekam.* Aus: Lehrmeister Natur. 1980 Der Kinderbuchverlag, Berlin

Seite 53: Langley, Andrew: *Leben im Mittelalter.* Aus: Sehen-Staunen-Wissen: Leben im Mittelalter. Copyright für die dt. Ausgabe © 1996 Gerstenberg Verlag, Hildesheim

Seite 58: Brezan, Jurij: *Vogelhochzeit.* Aus: Martin und die Sonne im Schrank. 1978 Buchverlag Junge Welt, Berlin

Seite 64: Lange, Hartmut: *Ein Gewitter*

Bestens vorbereitet in allen Bereichen des Deutschunterrichts!

Bergedorfer® Kopiervorlagen und Unterrichtsideen

Joachim Borchers

Rund ums Wort

Einfache Übungen zur Sprachbetrachtung

59 Kopiervorlagen, DIN A4
Best.-Nr. **2456**

Sprache untersuchen – Gesetzmäßigkeiten und Zusammenhänge erkennen! Mit diesen Arbeitsblättern werden die verschiedenen Wortarten anschaulich und ausführlich erarbeitet.
Die mit vielen kindgemäßen Grafiken liebevoll gestalteten Kopiervorlagen unterstützen dabei das Verständnis der Schülerinnen und Schüler.
Diese Übungen zur Sprachbetrachtung machen auch lernschwachen Kindern den Einstieg in die grammatischen Grundbegriffe leicht. Sie gewinnen einen Einblick, wie Sprache „funktioniert" und wie man sie richtig anwendet.

Nicole Weber/Birte Stratmann

Lernstationen Aufsatz

für das 3./4. Schuljahr
Mit Kopiervorlagen

92 Seiten, DIN A4, kartoniert
Best.-Nr. **3894**

Manege frei für **Fantasie im Aufsatzunterricht**! Viele Kinder sind wunderbare Geschichtenschreiber. Was ihnen fehlt, ist oft nur das richtige Thema, das sie zum Schreiben verführt.
Darum: **Hereinspaziert in die Welt des Zirkus** mit Hilfe eines Stationentrainings! Hier treffen die Kinder auf Clowns, Artisten und wilde Tiere, welche es lebendig zu beschreiben gilt. Dabei müssen sie oft mit ihren Worten jonglieren. Nicht nur unterschiedliche Wörter und Satzanfänge sollen gefunden, sondern auch spannende Reizwort- und Fortsetzungsgeschichten erdacht werden.
Alle dazu benötigten Materialien hält dieses Buch als **Kopiervorlagen** bereit, sodass der Vorbereitungsaufwand für Lehrkräfte gering ist. **Kreative Schreibvorschläge und Tipps für einen fächerübergreifenden Unterricht** runden das Buch ab und machen es zu einer wertvollen Fundgrube für einen frischen, farbigen Aufsatzunterricht, der allen Spaß macht.

Nicole Weber

Gedichte-Werkstatt

Materialien für einen handlungs- und produktionsorientierten Deutschunterricht

102 Seiten, DIN A4, kartoniert
Best.-Nr. **3847**

„Mit Worten davonfliegen!" Das ist das Motto dieser Gedichte-Werkstatt.
Handlungs- und produktionsorientierter Leseunterricht, verbunden mit der offenen Form des Werkstatt-Unterrichts, schafft Kindern einen freien Zugang zu Gedichten. Fantasie und Kreativität werden durch verschiedene Techniken angeregt. Gedichte lesen und in ihnen versinken, Gedichte spielen und Spaß an ihnen haben, selber Gedichte schreiben ...
Neben einem umfassenden Theorieteil mit Informationen zum Werkstatt-Unterricht, zur Definition und Struktur von Lyrik und zur Unterrichtsplanung enthält das Buch vielfältige Materialien zur Gedichte-Werkstatt. Es gliedert sich in drei Bereiche: sich Gedichten nähern, Gedichte verstehen, Gedichte schreiben.
Die Werkstatt enthält 28 Arbeitsaufträge, die die Schüler/-innen selbstständig bearbeiten können. Sie ist handlungsorientiert und lässt viel Raum für weitere Ideen der Kinder. Ein Arbeitspass, ein Kontrollblatt und ein Lied ergänzen das Angebot.

Bestellcoupon

Ja, bitte senden Sie mir/uns mit Rechnung

____ Expl. ______________________ Best.-Nr. ________

____ Expl. ______________________ Best.-Nr. ________

____ Expl. ______________________ Best.-Nr. ________

☐ Ja, bitte schicken Sie mir kostenlos Ihren aktuellen Gesamtkatalog zu.

Bestellen Sie bequem rund um die Uhr!
Telefon: 0 41 63/81 40 40
Fax: 0 41 63/81 40 50
E-Mail: info@persen.de

Bitte kopieren und einsenden an:

Persen Verlag GmbH
Postfach 260
D-21637 Horneburg

Meine Anschrift lautet:

Name/Vorname

Straße

PLZ/Ort

Datum/Unterschrift

E-Mail